PROCÈS-VERBAL

DES PREUVES DE NOBLE

AUGUSTIN

D'ANGERVILLE

ADMIS DE MINORITÉ

A L'ORDRE DE MALTE

Année 1786.

A PARIS

Chez SCHLESINGER frères, libraires-éditeurs

Rue de Seine, 12.

————

MDCCCLXXVIII

PROCÈS-VERBAL

DES PREUVES DE NOBLE

AUGUSTIN D'ANGERVILLE

ADMIS DE MINORITÉ

A L'ORDRE DE MALTE

Année 1786.

Tiré à 100 exemplaires.

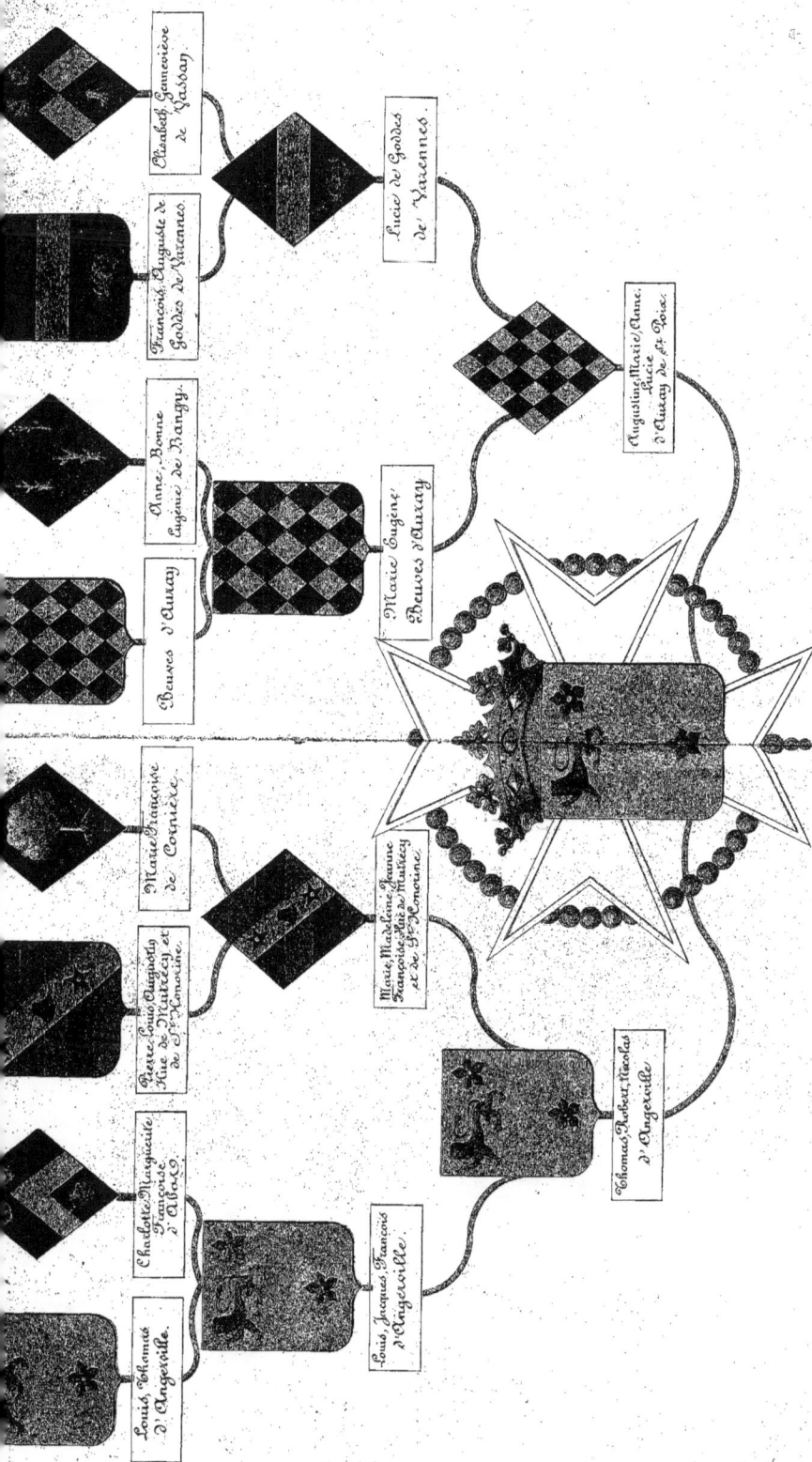

Noble Augustin d'Angerville.
Reçu de minorité au prieuré de France, en 1786.

Elisabeth Geneviève de Yassay.

François Auguste de Goddes de Varennes.

Lucie de Goddes de Varennes.

Anne Bonne Eugénie de Bangry.

Beuves d'Auxay.

Marie Eugène Beuves d'Auxay.

Augustine Marie Anne Lucie d'Auxay de St Poix.

Marie Françoise de Cornière.

Pierre Louis Auguste Rue de Maucey et de St Remorine.

Marie Madeleine Jeanne Françoise Rue de Maucey et de St Remorine.

Charlotte Marguerite Françoise d'Abos.

Louis Thomas d'Angerville.

Louis Jacques François d'Angerville.

Thomas Robert Nicolas d'Angerville.

PROCÈS-VERBAL

DES PREUVES DE NOBLE

AUGUSTIN

D'ANGERVILLE

ADMIS DE MINORITÉ

A L'ORDRE DE MALTE

Année 1786.

A PARIS

Chez SCHLESINGER frères, libraires-éditeurs

Rue de Seine, 12.

MDCCCLXXVIII

LE CHATEAU

ET

LES SIRES D'ORCHER.

L e château d'Orcher, autrefois bailliage de Caux, est
situé dans la commune de Gonfreville-l'Orcher,
canton de Montivilliers, arrondissement du Havre.
C'était, au temps de la féodalité, une des meilleures
forteresses échelonnées sur les bords de la Seine et
destinées à défendre l'entrée du fleuve. Autrefois, ce domaine féodal,
dont l'existence est signalée dès le XIᵉ siècle par des titres authentiques, portait les noms d'*Auvrecher, d'Auvrechier* ou d'*Auvrè-
ches,* qui, par corruption, se sont changés en celui d'Orcher dans
le cours du XVIIIᵉ siècle. Le voisinage de retranchements antiques
et de camps romains permet de supposer que les conquérants des
Gaules eurent dans ce lieu un *Castellum.* L'importance straté-
gique du plateau d'Orcher, commandant l'embouchure de la Seine
et offrant toutes les facilités possibles pour l'établissement d'une for-

teresse inexpugnable, ne pouvait échapper aux Romains, qui, mieux que tout autre peuple, surent apprécier la valeur d'un point d'occupation et de défense. Cette hypothèse trouve d'ailleurs un puissant appui dans une tradition d'après laquelle le château aurait été construit par les Normands, dans le IX° siècle, sur les ruines d'une ancienne forteresse. Il ne serait pas impossible aussi que cette localité eût pris le nom d'un chef de Normands, *Orcher,* qui fit une incursion en Normandie en 851. Des recherches plus heureuses viendront sans doute justifier ces deux assertions. En attendant, on peut toujours tenir pour certaine l'existence du château d'Orcher dans le XI° siècle. En 1096, il appartenait à deux frères du nom d'Angerville. Leurs noms figurent dans la liste des nobles personnages qui suivirent Robert II, Duc de Normandie, à la conquête de la Palestine. Guillaume d'Angerville, Sire d'Auvrecher, fut témoin, vers l'an 1140, des donations faites par la Princesse Mathilde, fille de Henri, Roi d'Angleterre, aux monastères de Saint-André-de-Gonffres et de Saint-Nicolas-d'Angers. Son successeur fut Robert d'Angerville, dont il est fait mention dans un titre du couvent de Notre-Dame-du-Vœu, en 1200.

Guillaume d'Angerville, vraisemblablement fils de Robert, posséda Auvrecher sous le dernier Duc de Normandie. C'est ce qui résulte d'un aveu rendu au Roi Philippe-Auguste, après la réunion du duché de Normandie à la Couronne de France.

Ce Seigneur prenait dès 1205 les titres de Maréchal et de Sénéchal de Normandie. A partir de cette époque, la première de ces dignités devint, par suite d'une concession royale, héréditaire dans la maison d'Angerville, et fut attachée à la possession du fief d'Auvrecher.

Plusieurs fondations pieuses furent dues à la libéralité de Guillaume d'Angerville. Parmi les établissements religieux qu'il fonda, on cite les prieurés de Saint-Guinefort et de Notre-Dame-des-Bois ou du Bosc. La chapelle du château d'Auvrecher, placée sous le vocable de Sainte-Honorine, fit partie de la dotation du prieuré de Saint-Guinefort (1205).

Louis et Thomas d'Angerville, fils de Guillaume, reçurent du

Roi saint Louis une *admonestation* pour se trouver en armes à Saint-Germain-en-Laye, l'an 1234, avec le Chambellan de Tancarville et les cinq Évêques de Normandie. Ces deux Chevaliers sont encore mentionnés dans un acte de 1242.

En 1324, le Roi de France ayant appris que les Anglais se disposaient à faire une descente sur les côtes de Normandie, Jean d'Angerville, Sire d'Auvrecher, fut chargé du commandement du Mont-Saint-Michel. Guillaume, Sire d'Auvrecher, fils de Jean, Maréchal héréditaire de Normandie, fit don de plusieurs pièces de terre au prieuré de Notre-Dame-des-Bois, près Harfleur, en 1342. Ce Guillaume eut pour fils et successeur Robert, Sire d'Auvrecher, qui vendit cette terre en 1386 à Philippe de Harcourt. Celui-ci, en vertu de son contrat d'acquisition, et comme propriétaire d'Auvrecher, prit le titre de Maréchal héréditaire de Normandie ; mais la terre d'Auvrecher, au moyen d'une seconde vente, revint, vers 1389, dans la maison d'Angerville, représentée alors par Jean, l'un des trois Commandants établis sur les côtes de Normandie par Charles VI. Un procès qu'il eut en 1390 avec Olivier du Guesclin, Comte de Longueville, et Guillaume, Vicomte de Blosseville, au sujet de la possession de la terre d'Auvrecher, se termina par un jugement rendu en sa faveur. Il mourut en 1400 ou 1401.

En 1415, Jean d'Angerville, Maréchal héréditaire de Normandie, possédait Auvrecher. Le château, réparé par ses soins, tomba aux mains des Anglais après un siége de plusieurs mois. A la tête de 400 hommes d'armes, il essaya de le reprendre en 1416. Cette tentative, qui demeura infructueuse, donna lieu à un terrible combat, près de l'église de Gonfreville : 100 Français et plus de 300 Anglais restèrent sur la place ; Jean d'Angerville tua de sa propre main le Gouverneur d'Auvrecher. Le Roi d'Angleterre, plein d'admiration pour la valeur que son intrépide ennemi avait déployée dans cette circonstance, ordonna que son château lui fût rendu. Mais, en 1423, à la suite d'un refus de foi et hommage, il confisqua la terre d'Auvrecher et en fit don à Jacques d'Angerville, frère de Jean.

A la mort de Jacques d'Angerville, arrivée le 21 octobre 1428, Jacqueline d'Auvrecher, sa fille, porta cette terre dans la maison

de Crespin, par son mariage avec Guillaume Crespin IX, Seigneur
de Mauny, dont le successeur fut Jean Crespin, Seigneur de
Mauny et du Bec-Crespin. Ce dernier fit hommage au Roi de la
terre d'Auvrecher en 1450. Dans ses lettres d'aveu on le qualifie
*Maréchal héréditaire de Normandie, Grand-Maistre-Enquesteur-
Général, Réformateur des eaux et forêts du Roi au duché de Normandie et païs de Picardie.* Il mourut en 1453 sans laisser d'enfants. Sa succession, dans laquelle était compris Auvrecher, échut à
son frère Antoine Crespin, Evêque et Duc de Laon, Pair de France,
Abbé Commandataire de Jumiéges; ce Prélat mourut le 15 octobre
1472, et fut enterré dans l'église des Dominicains de Rouen.

Vers 1454, Jeanne Crespin avait reçu en don, de son frère l'Archevêque de Narbonne, la terre d'Auvrecher, qu'elle porta dans la
maison de Brézé, représentée en 1455 par Pierre de Brézé, Baron
de Maulévrier. Fait assez remarquable, cette Dame eut le commandement du château de Rouen sous le Roi Louis XI. Il paraît
du reste que ce Capitaine en jupons maniait l'épée comme un
preux chevalier. Dans une rencontre d'honneur qu'elle eut sous
les murs de Rouen avec un Officier écossais, de la Garde du Roi,
elle reçut une blessure, et tua son adversaire. Pierre de Brézé II,
son mari, Seigneur d'Auvrecher, était Grand-Sénéchal d'Anjou, de
Poitou et de Normandie et Chevalier du Roi de Sicile. Après que
l'Amiral de Coëtivy eut été banni de la Cour en 1444, il prit part
au gouvernement de l'État et fut l'un des principaux chefs des troupes que le Roi mena en Lorraine cette année-là. En 1447, il se
trouva au siége de la ville du Mans. Plusieurs seigneurs, après la
prise de cette place, l'accusèrent de malversation dans la part qu'il
avait eue aux affaires du royaume. Exilé de la Cour pendant quelque temps et privé de ses charges, il rentra en grâce en 1449, et
suivit le Roi à toutes les conquêtes qu'il fit en Normandie. Pierre
de Brézé prit une part des plus glorieuses à la réduction des villes
de Conches, de Vernon, du Pont-de-l'Arche, de Verneuil, de Man-
tes, de Pont-Audemer et de Rouen. Il se couvrit de gloire à la bataille de Formigny en 1450. Le Roi, pour le récompenser de ses
services, lui donna la charge de Grand-Sénéchal et Réformateur du

pays de Normandie. Au mois d'août 1457, il passa en Angleterre avec 4,000 hommes d'armes et y prit la ville de Sandwich, où il fit un grand butin. Après la mort du Roi Charles VII, Louis XI le constitua prisonnier au château de Loches, en Touraine. Pour en sortir, il dut promettre d'aller en Sicile servir le Duc d'Ánjou, et consentir au mariage de son fils avec Charlotte, bâtarde de France, fille naturelle de Charles VII. Il fut tué à la journée de Montlhéry, le 17 juillet 1465. Jacques de Brézé, fils de Pierre, Comte de Maulévrier, Maréchal et Grand-Sénéchal de Normandie, rendit hommage au Roi pour la terre d'Auvrecher en août 1465. Dans la nuit du samedi au dimanche 16 juin 1470, il surprit sa femme en adultère avec Pierre de la Vergue, son Veneur, et la poignarda. Poursuivi en justice pour ce fait, il fut condamné à une amende de 100,000 écus, pour le paiement desquels il dut abandonner toutes ses terres au Roi Louis XI, qui posséda ainsi la terre d'Auvrecher jusqu'en 1485, époque de sa mort. Jacques de Brézé se pourvut alors au Parlement contre ce qui avait été fait, et obtint un arrêt qui le remit en possession de ses terres, y compris celle d'Auvrecher. Il mourut à Nogent-le-Roy le 14 août 1494, laissant la terre d'Auvrecher à Pierre de Brézé, Comte de Maulévrier, son fils aîné, qui mourut sans enfants vers 1500. Pierre de Brézé, un des frères de ce dernier, hérita de la terre d'Auvrecher. Dans un acte de l'Échiquier de Normandie, on le qualifia Seigneur d'Auvrecher, de Planes et de Plainbosc, Maréchal héréditaire de Normandie. Son fils, Louis de Brézé, fut Évêque de Meaux et Grand-Aumônier de France; sa fille, Françoise de Brézé, épousa Gilles Le Roy, Seigneur du Chillou, qui, par ce mariage, devint Seigneur d'Auvrecher (1519). Gilles Le Roy mourut vers 1530 et sa femme en 1539.

Jean de Moy, Chevalier, Seigneur de la Mailleraye, Gouville, Clarville, etc., Chevalier de l'Ordre du Roi, Lieutenant-Général en Normandie et Vice-Amiral de France, devint propriétaire d'Auvrecher en 1539. Il vendit cette terre, le 11 février 1574, à Guillaume Auber, Bourgeois de Rouen, qui, lui-même, la céda quelques années après à un membre de la famille Potier de Novion. Cette maison a fourni plusieurs hommes illustres, entre au-

tres Louis Potier, Seigneur de Gesvres, Secrétaire d'État, mort en
1624, et Léon Potier, Abbé de Bernay, Cardinal, Archevêque de
Bourges en 1694.

L'ancien château d'Orcher a été remplacé par une construc-
tion où l'on ne trouve rien de remarquable sous le rapport des
arts. Néanmoins, ce domaine reçoit chaque jour un grand nombre de visiteurs qui viennent plutôt pour admirer le magnifique
panorama dont on jouit du haut du plateau d'Orcher que pour
chercher dans les ruines du vieux manoir féodal les traces et les
souvenirs d'une splendeur disparue depuis longtemps. (Extrait des
*Recherches historiques sur Fécamp et sur quelques-uns des anciens
châteaux et Seigneurs du Pays de Caux,* par Mme L. DE BUSSEROLE.
Fécamp, Ch. Hue, édit.)

PROCÈS-VERBAL

DES PREUVES DE NOBLE.

AUGUSTIN D'ANGERVILLE,

admis de minorité.

———— ❦ ————

Caen, 1786, vendredi, 3ᵐᵉ jour de novembre.

L'an mil sept cent quatre-vingt-six, le vendredi, troisième jour de novembre, nous frère Fran-çois-Thérèse de Géraldin, Chevalier profès de l'Ordre de St-Jean de Jérusalem, Commandeur de Coulomiers en Brie, demeurant ordinairement en notre hôtel, sciz rue Guilbert à Caen, paroisse St-Jean ; et nous frère Guillaume-René de Montcanisy, aussi Chevalier profès dudit ordre, Commandeur de St-Marc d'Orléans, demeurant ordinairement en notre hôtel à Falaise, et présentement logé en ladite ville de Caen, en un hôtel ayant pour enseigne la Victoire, sciz place et paroisse St-Pierre, ladite ville de Caen distante d'environ huit lieues de

2*

celle de Falaise ; et nous susdits Chevaliers de présent réunis en l'hôtel de nous Chevalier de Géraldin, sur la réquisition qui nous a été précédemment faite par Messire Thomas - Robert - Nicolas, Comte d'Angerville, stipulant en cette partie pour noble Augustin d'Angerville, son fils (reçu de minorité au rang des Chevaliers de Justice de notre Ordre en la vénérable langue et Grand-Prieuré de France) et de Dame Augustine - Marie - Anne - Lucie d'Auray de St-Poix, son épouse, et ayant fait avertir ledit Sieur Comte d'Angerville, il est à l'instant comparu, et nous a remis en mains une commission, émanée de la vénérable Assemblée provinciale du Grand-Prieuré de France, tenue et célébrée dans la salle des tours du Temple, à Paris le 22me jour de novembre 1785 dûment signée le Commandeur Crepel et scellée tendante à la confection des preuves de filiation, légitimité et noblesse dudit noble Augustin d'Angerville, son fils, laquelle commission nous avons reçue avec honneur et respect, et, d'après la lecture que nous avons prise d'icelle, nous avons reconnu que nous y étions l'un et l'autre dénommés Commissaires à l'effet de procéder à la confection desdites preuves de noblesse, filiation et légitimité dudit noble d'Angerville. En conséquence, nous avons accordé audit Seigneur, père du présenté, sa réquisition qu'il a signée et s'est retiré, ainsi signé : le Comte d'Angerville.

Ensuite, nous avons fait et prêté le serment de bien et fidèlement exécuter ladite commission, en mains de frère Nicolas-Pierre Crépel, servant d'armes profès de notre Ordre, Chancelier du Grand-Prieuré de France, Commandeur de Baugis, demeurant ordinairement à Paris, rue Neuve-des-Bons-Enfants, paroisse St-Eustache, de laquelle demeure il s'est transporté avec nous.

Et pour rédiger par écrit notre présent procès-verbal, nous avons fait choix dudit Sieur Commandeur Crepel, duquel nous avons préalablement pris le serment ordinaire et accoutumé de ne rien écrire ni faire écrire que ce qui lui sera par nous dicté et nommé, ce que nous ayant promis et juré, nous avons commencé par faire transcrire ici tout au long notre dite commission dont la teneur suit :

COMMISSION.

1785.

Nous frère Charles-Antoine-François-Guislain de la Tour-St-Quentin, Bailli, Grand-Croix de l'Ordre de St-Jean de Jérusalem, ancien Général des Galères dudit Ordre, Commandeur de Bordeaux et d'Étrépigny, Lieutenant de Son Altesse Royale Monseigneur Duc d'Angoulême, Grand-Prieur de France, et nous Commandeurs, Chevaliers et frères dudit Ordre congregés et assemblés dans les tours du Temple, à Paris, pour la célébration de la vénérable Assemblée provinciale dudit Prieuré, à nos chers et bien-aimés frères vénérables, Bailli, frère Nicolas-Pierre Desnos, Commandeur de Fontaine-Sous-Montdidier; et Chevaliers François-Thérèse de Géraldin, Commandeur de Coulomiers; François-Pierre-Marie-Joseph de Boniface du Réel, Commandeur de Tirlemont, Hercule-Alexandre de Rassent, Commandeur de la Braque; Guillaume-René de Montcanisy, Commandeur d'Orléans; et Louis-Marie-Auguste d'Estourmel, Chevalier profès de notre Ordre; ou deux de vous sur ce premier requis, salut en notre Seigneur, de la part de noble Augustin d'Angerville, présenté de minorité au rang des Chevaliers de Justice, en la vénérable langue et Grand-Prieuré de France, fils de noble Thomas-Robert-Nicolas d'Angerville d'Auvrecher, et Dame Augustine-Marie-Anne-Lucie d'Auray de St-Poix, son épouse, ses père et mère, lequel a payé son passage, suivant quittance du 26 août 1785 : nous a été exposé qu'il désire être reçu en rang de frère Chevalier de Justice et faire les preuves de sa noblesse, filiation et légitimité, nous priant de lui octroyer à cet effet nos lettres de commission et d'autant que le mémorial de ses preuves a été trouvé bon et valable nous avons commis et député, commettons et députons par ces présentes (pourvu néanmoins que votre naissance, résidence, ou Commanderie ne soit plus près de dix lieues de celle du présenté et que vous n'ayez aucun procès au parlement dudit présenté) pour, après avoir prêté le serment solennel en mains d'un tiers de notre Ordre, ou en mains l'un de l'autre, de fidèlement et diligemment exécuter notre commission et ne prendre pour témoins que des Gentilshommes de noms et d'armes, étant de la religion catholique, apostolique et romaine, non parents ni alliés du présenté, vous informer tant au lieu de l'origine de ses parents par quatre témoins de la qualité susdite, dont vous prendrez aussi le serment et que vous interrogerez séparément l'un de l'autre et non dans la maison dudit présenté.

Quel nom a ledit présenté ?

De qui il est fils ?

Quel âge il a ?

Où il a été baptisé ?

S'il est né en légitime mariage et de parents aussi légitimes ?

S'il est de la religion catholique, apostolique et romaine ?

Si ses père et mère et ancêtres en sont ou en ont été ?

S'il vit vertueusement et chrétiennement ?

S'il n'a point commis quelque crime ou été repris de justice ?

Si lui ou ses pères ne retiennent aucun bien de notre Ordre ?

S'il n'est point débiteur de sommes considérables ?

S'il est Gentilhomme de noms et d'armes, né et issu de père et mère, aïeul et aïeule, bisaïeul et bisaïeule, tant paternels que maternels, nobles, vivant noblement, tels, tenus et réputés au pays et jouissant des privilèges de noblesse au moins depuis cent ans ?

Si ses parents ont été appelés aux bans, arrière-bans et autres Assemblées de Gentilshommes ?

S'ils ont eu des charges et dignités qui ne se donnent qu'aux nobles ?

S'ils n'ont point dérogé à leur noblesse par quelque trafic, banque ou marchandise ?

S'il est sain, robuste et fort, pour rendre service à notre religion ?

S'il n'a point fait vœu en quelque religion ou contracté et consommé mariage ?

Enfin s'il est tel que, pour être Chevalier de Justice de notre Ordre, les statuts et ordonnances le veulent et le requièrent ?

Vous informer pareillement desdits témoins, touchant les

armes et blasons de la famille du présenté, s'ils savent ce que sont
et ont été les armes dudit présenté et des parents paternels et
maternels, depuis quel temps ils les possèdent, même au lieu de
la naissance dudit présenté et lieux circonvoisins. Vous vous en
informerez des personnes les plus qualifiées et de la plus grande
probité et vertu et de tout ce que dessus. Vous enquérir aussi
secrètement, par d'autres témoins, pour vérifier la déposition de
ceux que vous aurez choisis comme aussi voir et examiner les
contrats, partages et autres actes prouvant la filiation et légitimité,
lettres de garde-noble, foi et hommage, aveux et dénombrements,
commissions, brevets ou provisions de charges, offices et dignités, portant titres de noblesse, assistances aux bans et arrière-
bans, sentences et arrêts adjugeant la qualité de noble et autres
titres qui prouveront sa noblesse et celle de ses parents.

Comme aussi exiger expressément un certificat des mœurs et
de la bonne conduite du présenté dans le corps où il sert, ou
pourrait avoir servi, ainsi qu'il est enjoint par la lettre de
Messieurs de la vénérable langue de France, à ce vénérable
Grand-Prieuré, en date du 24 juillet 1783.

Tous lesquels titres et contrats, tant pour le côté paternel que
pour le côté maternel, vous vérifierez sur les minutes originales,
où elles auront été passées, sans avoir égard à la distance des
lieux en tant que besoin sera et lorsque vous le jugerez nécessaire sur votre honneur, probité et conscience et en cas que lesdites minutes ne se trouvent et aient été perdues, lesdits titres et
contrats étant légalisés et attestés, comme ceux qui les ont passés
sont notaires publics, pourront suffire, dont vous ferez mention
dans votre procès-verbal : comme aussi de la vérification des
armes de la famille dudit présenté par écritures anciennes, épita-
phes, titres et autres enseignements, dont vous dresserez votre procès-verbal, écrit et chiffré par le Chancelier ; et en cas d'empê-
chement par un notaire public : lequel procès-verbal signé et
scellé de vos seings et sceaux, et paraphé par ledit Chancelier du
Vice-Chancelier ou notaire, après avoir par vous, conformément
au décret de Messieurs de la vénérable langue de France, du 25

juin 1700, confirmé au sacré conseil, le quatorze juillet suivant, inséré dans icelui avec acceptation ou rejet desdites preuves et les causes mêmes dudit rejet, sous peine aux Commandeurs de la perte d'une année des fruits de leurs Commanderies, et aux Chevaliers d'une année d'ancienneté, sera rapporté en double expédition, conformément à autre décret de Messieurs de ladite vénérable langue, du 22 août 1699, clos et cacheté du cachet de vos armes au premier chapitre ou Assemblée provinciale, pour icelles preuves et mémorial, après la vérification et rapport qui en sera fait par nouveaux Commissaires, être renvoyé à Mgr l'éminentissime Grand-Maître et Seigneur de la vénérable langue et Prieuré de France à Malte, pour ordonner ce que de raison.

De ce faire vous donnons pouvoir et commission, vous enjoignant au surplus d'exécuter fidèlement la présente commission dressée en conformité des décrets de son éminence et sacré conseil des 29 mars et 11 septembre 1681, 19 décembre 1682, 27 octobre 1751 et 30 août 1755, sous les peines portées par lesdits décrets, savoir : le revenu d'une année de la Commanderie pour les Commandeurs, et trois années de perte d'ancienneté pour les Chevaliers.

Donné au Temple, à Paris, tenant la vénérable Assemblée provinciale sous le scel à l'aigle dudit Prieuré, le vingt-deuxième jour de novembre mil sept cent quatre-vingt-cinq, signé le Commandeur Crepel, et scellé.

Nous, Commissaires, avons remis la continuation du présent procès-verbal à demain, samedi, quatrième jour des présents mois et an.

PREUVES TESTIMONIALES.

Nous, Commissaires susdits, nous étant réunis les mêmes jour et heure ci-dessus désignés, en une des chambres de notre dite hôtellerie, et voulant satisfaire à l'article de notre commission qui nous enjoint de nous enquérir de quatre témoins Gentilshommes de nom et d'armes, touchant la noblesse, filiation et légitimité tant du présenté que de ses auteurs paternels et maternels, nous avons, en conséquence, fait choix pour premier témoin paternel de Messire Augustin Hervé, Comte de Faudoas, Mestre de Camp de Cavalerie, ancien Officier supérieur de la Gendarmerie, Lieutenant du Roi pour Sa Majesté au bailliage de Caen, premier Échevin noble de ladite ville, y demeurant, en son hôtel sciz Grande rue et Paroisse St-Jean, auquel, après serment pris de lui sur son honneur, nous lui avons demandé quel âge il a et de quelle religion il est ?

Premier témoin paternel.

A dit avoir environ   et être de la religion catholique, apostolique et romaine.

S'il connaît le présenté et s'il lui est parent ou allié ?

A dit le bien connaître, mais ne lui être parent ni allié.

S'il sait son nom, son âge, où il a été baptisé et de qui il est fils légitime ?

A dit qu'il s'appelle Augustin, qu'il peut avoir huit ans, qu'il a été baptisé sur la paroisse de Douville, et qu'il est fils légitime de M. le *Marquis* et de Mme la *Marquise* d'Angerville.

S'il est élevé vertueusement et chrétiennement ?

A dit qu'il reçoit la meilleure éducation.

S'il est de la religion catholique, apostolique et romaine ainsi que ses ancêtres ?

A dit que oui et que ses ancêtres en avaient toujours fait profession.

S'il est sain, fort et robuste, pour rendre service à notre Ordre ?

A dit qu'il jouissait de la meilleure santé.

Si ses parents paternels ne retiennent pas du bien de notre Ordre ?

A dit qu'ils étaient trop honnêtes pour retenir le bien d'autrui.

S'il est Gentilhomme de nom et d'armes, né et issu de père, aïeul et aïeule, bisaïeuls et bisaïeules paternels nobles et vivant noblement tèls, tenus et réputés au pays, au moins depuis cent ans ?

A dit que le présenté était d'une ancienne noblesse et que la famille d'Angerville est fort distinguée et fort illustre.

S'il connaît le père du présenté, s'il sait ses noms et qualités ?

A dit avoir l'honneur de le connaître, qu'il se nomme Tho-

3

mas-Robert-Nicolas d'Angerville, qualifié *Marquis, Seigneur d'Auvrecher,* et qu'il a servi longtemps dans les Gardes de la Marine, au port de Brest.

S'il a connu l'aïeul et le premier bisaïeul paternels ?

A dit avoir connu le premier, qui se nommait Louis-Jacques-François d'Angerville, qu'il était Seigneur de Grainville, et savoir qu'il était fils de Mᵉ Louis-Thomas d'Angerville, Seigneur duditlieu.

S'il a connu Demoiselle Charlotte-Marguerite-Françoise d'Abos, première bisaïeule paternelle ?

A dit ne l'avoir connue, mais savoir qu'elle était d'une ancienne famille et que son père était Capitaine de Cavalerie.

S'il a connu Demoiselle Marie-Madeleine-Jeanne-Françoise Hüe, aïeule paternelle, ainsi que sa famille ?

A dit avoir eu cet honneur, que son père était Seigneur et Patron de Mutrecy et que sa famille est très-distinguée.

S'il a connu Demoiselle Marie-Françoise Cornière, deuxième bisaïeule paternelle ?

A dit ne l'avoir point connue, ni sa famille.

Enquis s'il reconnaissait les armoiries desdites familles paternelles telles qu'elles étaient peintes et figurées sur l'arbre généalogique que nous lui avons représenté et s'il n'avait jamais ouï-dire que lesdites familles en eussent changé ?

A dit qu'il reconnaissait bien lesdites armoiries pour être celles qu'il avait toujours vu porter auxdites familles.

Lecture faite audit Seigneur déposant de sa déposition.

A dit qu'elle contenait vérité, y a persisté et a signé :

Le Comte DE FAUDOAS.

Deuxième témoin paternel. Pour deuxième témoin dudit côté paternel, nous nous sommes adressés à Messire François-Antoine-Henry d'Anneville, Comte de Chiffrevast, Chevalier, Seigneur et Patron de Chiffrevast, demeurant ordinairement en son Château de Chiffrevast, près Valognes, et de présent en cette ville de Caen, auquel, après serment pris de lui sur son honneur, nous avons demandé quel âge il a et de quelle religion il est ?

A dit avoir environ trente-cinq ans et être de la religion catholique, apostolique et romaine.

S'il connaissait le présenté et s'il lui est parent ou allié, s'il sait son nom, son âge, où il a été baptisé, et de qui il est fils légitime ?

A dit qu'il s'appelle Augustin d'Angerville, qu'il a huit ans, qu'il a été baptisé en la paroisse de Douville, et qu'il est fils légitime de M. le *Marquis* et de Mme la *Marquise* d'Angerville et qu'il ne lui est point allié.

S'il est élevé vertueusement dans la religion catholique et si ses auteurs paternels en ont toujours fait profession ?

A dit qu'il recevait la meilleure éducation et qu'il était, ainsi que ses auteurs paternels, de la religion catholique.

Si lesdits auteurs paternels ne retiennent point du bien de notre Ordre ?

A dit qu'ils sont incapables de retenir le bien d'autrui.

Si le présenté est Gentilhomme de nom et d'armes, né et issu de père, aïeul et bisaïeul paternels, nobles et vivant noblement, au moins depuis cent ans ?

A dit que la famille du présenté est une des meilleures et des plus anciennes de cette province.

S'il connaît le père du présenté, s'il sait ses noms et qualités ?

A dit avoir l'honneur de le connaître, qu'il s'appelle Thomas-Robert-Nicolas d'Angerville, qualifié *Marquis,* et qu'il a été longtemps Garde-Marine.

S'il a connu l'aïeul paternel, s'il sait son nom, ses qualités et de qui il était fils ?

A dit avoir eu l'honneur de le connaître, qu'il se nommait Louis-Jacques-François d'Angerville, qu'il était Seigneur de Grainville, mais qu'il ignorait le nom de son père, lequel était Seigneur dudit Grainville.

S'il a connu la première bisaïeule paternelle, ainsi que sa famille ?

A dit n'avoir eu cet honneur ; mais savoir qu'elle se nommait Charlotte-Marguerite-Françoise d'Abos et que sa famille était très-ancienne.

S'il a connu Demoiselle Marie-Madeleine-Jeanne-Françoise Hüe, aïeule paternelle du présenté ?

A dit avoir eu l'honneur de la connaître, qu'elle était fille de Messire de Mutrecy et que la noblesse de cette famille est très-ancienne.

S'il connaît la seconde bisaïeule paternelle ?

A dit savoir seulement qu'elle se nommait Marie-Françoise Cornière, mais ne pas connaître cette famille.

Enquis s'il reconnaissait les armes desdites familles paternelles telles qu'elles étaient peintes et figurées sur l'arbre généalogique que nous lui avons représenté et s'il n'avait point ouï-dire qu'elles en eussent changé ?

A dit qu'il reconnaissait parfaitement lesdites armes et n'avoir jamais ouï-dire que lesdites familles les eussent changées.

Lecture faite au déposant de sa déposition.

A dit qu'elle contenait vérité, y a persisté et a signé :

D'ANNEVILLE CHIFFREVAST.

Nous, Commissaires, continuant la présente preuve testimoniale, avons requis pour premier témoin du côté maternel Messire Louis-Joseph Just, Chevalier Seigneur de Montaigu, Maréchal des Camps et Armées du Roi, demeurant en son hôtel à Caen, sciz rue des Quais, paroisse St-Pierre, auquel, après le serment pris de lui sur son honneur de nous dire vérité, nous avons demandé quel âge il a et de quelle religion il est ?

Premier témoin maternel.

A dit avoir environ soixante-dix ans et être de la religion catholique, apostolique et romaine.

S'il connaît le présenté et s'il lui est parent ou allié ?

A dit le bien connaître et ne lui être ni parent ni allié.

S'il sait son nom, son âge, où il a été baptisé et de qui il est fils légitime ?

A dit qu'il s'appelle Augustin d'Angerville, qu'il a huit ans, qu'il a été baptisé en la paroisse de Douville et qu'il est fils légitime de M. le *Marquis* et de Mme la *Marquise* d'Angerville.

S'il est élevé vertueusement et chrétiennement ?

A dit qu'il reçoit une très-bonne éducation.

Si lui et ses auteurs maternels sont et ont toujours été de la religion catholique, apostolique et romaine ?

A dit qu'il n'en doutait pas.

Si lesdits auteurs maternels ne retiennent pas du bien de notre Ordre ?

A dit qu'ils étaient incapables de retenir le bien d'autrui.

Si le présenté est sain, fort et robuste, pour rendre service à notre religion ?

A dit qu'il annonçait une bonne constitution.

S'il est Gentilhomme de nom et d'armes, né et issu de père et mère, aïeul et aïeule, bisaïeuls et bisaïeules maternels nobles et vivant noblement, au moins depuis cent ans ?

A dit que la famille d'Auray de St-Poix, dont est la mère du présenté, est très-ancienne et a déjà fourni des Chevaliers à notre Ordre.

S'il connaît la Dame mère du présenté, s'il sait ses noms ?

A dit avoir l'honneur de connaître cette Dame, qu'elle s'appelle Augustine-Marie-Anne-Lucie d'Auray de St-Poix et qu'elle est sœur de M. le Chevalier de St-Poix, Commandeur d'Artheims.

S'il a connu Demoiselle Louise Goddes de Varenne, aïeule maternelle, ainsi que sa famille ?

A dit avoir eu cet honneur, qu'elle était fille de Monsieur François-Auguste de Goddes de Varenne, Officier aux Gardes-Françaises et Lieutenant-Général des Armées du Roi.

S'il a connu la seconde bisaïeule maternelle du présenté ?

A dit n'avoir eu cet honneur, mais savoir qu'elle était fille de M. le Marquis de Vassan, Lieutenant-Général de la Grande-Fauconnerie de France.

Enquis s'il reconnaissait les armes desdites familles maternelles telles qu'elles étaient peintes et figurées sur l'arbre généalogique que nous lui avons représenté, et s'il n'a pas ouï-dire qu'elles en eussent changé ?

A dit les bien reconnaître et n'avoir point ouï-dire qu'elles en eussent porté d'autres.

Lecture faite audit Seigneur déposant de sa déposition.

A dit qu'elle contenait vérité, y a persisté et a signé ainsi :

Le Chevalier DE MONTAIGU.

Et pour deuxième témoin du même côté maternel, nous avons fait choix de la personne de Messire Joseph, Vicomte d'Haute-feuille, Brigadier des Armées du Roi et Mestre de Camp du Régiment de l'Isle-de-France, demeurant en son hôtel à Caen, rue des Quais, paroisse St-Pierre, auquel, après serment pareillement pris de lui de nous dire vérité, nous avons demandé quel âge il a et de quelle religion il est ?

A dit avoir environ quarante-deux ans et être de la religion catholique, apostolique et romaine.

S'il connaît le présenté et s'il lui est parent ou allié ?

A dit le bien connaître, mais ne lui être aucunement allié.

S'il sait son nom, son âge, où il a été baptisé et de qui il est fils légitime ?

A dit le bien connaître parfaitement, qu'il s'appelle Augustin d'Angerville, qu'il a environ huit ans, qu'il a été baptisé en l'église paroissiale de Douville et qu'il est fils de M. et de Mme *Marquis* et *Marquise* d'Angerville.

S'il est élevé vertueusement et chrétiennement ?

A dit qu'il est très-bien élevé.

Si lui et ses auteurs maternels sont et ont toujours été de notre religion ?

A dit que lui et ses parents maternels avaient toujours professé la religion catholique, apostolique et romaine.

Si lesdits parents maternels ne retiennent pas injustement du bien de notre Ordre ?

A dit qu'ils ont trop de probité pour cela.

Si le présenté est sain, fort et robuste, pour rendre service à notre Ordre ?

A dit qu'il jouissait de la meilleure santé.

S'il est Gentilhomme de nom et d'armes, issu de père et mère, aïeul et aïeule, bisaïeul et bisaïeule maternels nobles, vivant noblement et réputés tels, au moins depuis cent ans ?

A dit qu'il était né noble, d'une famille très-ancienne et honorée par l'avantage d'avoir donné plusieurs Chevaliers à l'Ordre de Malte, du nom de Mme sa mère.

S'il connaissait Mme la Marquise d'Angerville et s'il sait son nom et de qui elle est fille ?

A dit la connaître, qu'elle était de la famille d'Auray de St-Poix, fille de M. le Baron de ce nom, et sœur de M. le Chevalier de St-Poix, Commandeur d'Artheims.

S'il a connu les Demoiselles aïeule et seconde bisaïeule maternelle, ainsi que leurs familles ?

A dit que la première était fille de M. de Varenne, Lieutenant-Général des Armées du Roi et Officier dans le Régiment des Gardes-Françaises, et que la seconde bisaïeule était de la maison de Vassan, fille du Marquis de Vassan, Général de la Grande-Fauconnerie de France, et toutes deux nées de famille d'ancienne noblesse.

Enquis, sur le vu de l'arbre généalogique des familles du présenté, s'il y reconnaissait quelques écussons ?

A dit parfaitement reconnaître les armes des familles d'Auray, de Varenne et de Vassan, telles que ces mêmes familles maternelles les ont constamment portées.

Lecture faite audit Seigneur de sa déposition.

A dit qu'elle contenait vérité, y a persisté et a signé :

Vicomte d'Hautefeuille.

Nous, Commissaires, avons remis la continuation de notre présent procès-verbal à mardi, sept des présents mois et an, attendu que demain est le saint jour de dimanche et que lundi nous devons vaquer à une autre opération.

PREUVE LITTÉRALE.

Et ledit jour, sept novembre, nous, Commissaires susdits, accompagnés dudit Commandeur Crepel, notre Secrétaire en cette partie, nous étant réunis à l'effet de vaquer à la continuation du présent procès-verbal et voulant de suite procéder à la preuve littérale par l'examen des titres servant à prouver la filiation, légitimité et noblesse, tant du présenté que de ses auteurs paternels et maternels, avons fait entrer ledit Sieur Comte d'Angerville, père du présenté, que nous avions fait avertir, lequel, étant comparu, nous a remis ès mains tous les titres, pièces, documens et renseignemens qu'il a jugés nous être nécessaires, lesquels ils nous a certifiés véritables, non falsifiés ni contrefaits, et nous l'avons requis de signer en cet endroit sur chacune des expéditions de notre présent procès-verbal, ce qu'il a fait et s'est retiré.

Ainsi signé : le Comte d'ANGERVILLE.

MÉMORIAL.

1785.

Ensuite, nous Commissaires, pour procéder avec ordre et exactitude à la confection des présentes preuves, avons commencé par examiner le mémorial des deux lignes directes paternelles et maternelles du présenté, auquel nous avons trouvé annexée une délibération de la vénérable langue de France, dont la teneur suit :

DÉLIBÉRATION

DE LA VÉNÉRABLE LANGUE DE FRANCE.

1785.

(Extrait des registres de la vénérable langue de France.)

Cejourd'hui, dix-neuf septembre 1785, avec la permission de son Éminence, frère Emmanuel de Rohan, digne Grand-Maître de l'Ordre de St-Jean de Jérusalem, du St-Sépulcre et de St-Antoine de Viennois, s'est assemblée la vénérable langue de France, président en icelle, vénérable M. le Bailli de Tigné, Lieutenant du Grand-Hospitalier, en laquelle a été faite lecture de la relation (dont suit la teneur) de MM. les Commissaires ci-devant nommés pour examiner le mémorial des titres dont prétend se servir noble Augustin d'Angerville, présenté de minorité au rang des Chevaliers de Justice de cette vénérable langue.

Monsieur et Messieurs,

Nous avons examiné le mémorial des titres de noble Augustin d'Angerville, présenté de minorité au rang des Chevaliers de Justice de cette vénérable langue et Grand-Prieuré de France.

La ligne directe paternelle d'Angerville remonte à Robert d'Angerville, neuvième aïeul paternel. La filiation en est très-bien prouvée et la noblesse en est soutenue, sous tous les degrés, par des aveux au Roi, partages nobles, tutelle, maintenue, garde-noble.

Quant à la ligne directe maternelle, le présenté supplie cette vénérable langue de lui permettre de passer sur les preuves de M. le Chevalier, frère Louis-Charles-Honoré d'Auray de St-Poix, son oncle maternel, nous croyons que la vénérable langue peut lui accorder cette grâce, recevoir ledit mémorial pour bon et valable et permettre au présenté de demander au vénérable chapitre des Commissaires pour travailler à la confection de ses preuves. Sur quoi les Seigneurs de la vénérable langue de France, procédant par voix, suffrages et ballottes, ont approuvé la relation de MM. les Commissaires, et, en recevant ledit mémorial pour bon et valable, ils ont accordé au présenté la grâce de passer pour sa ligne directe maternelle sur les preuves de M. le Chevalier, frère Louis-Charles-Honoré d'Auray de St-Poix, pourvu que ce soit confirmé par son Éminence et sacré Conseil complet, le tout passé *nomine discrepante.*

Les Procureurs de la vénérable langue de France, signé : le Chevalier DE LA TREMBLAYE, le Chevalier CHARLES DE GREICHES, le Chevalier DE FAY, scellé du sceau de la vénérable langue de France sur cire rouge et signé : LOUIS SAVOYE, secrétaire de la vénérable langue.

4

DÉCRET

DE LA VÉNÉRABLE LANGUE DE FRANCE.

1785.

Plus, nous avons vu au bas dudit mémorial un décret de la vénérable Assemblée provinciale du Grand-Prieuré de France dont la teneur suit :

Tenant la vénérable Assemblée provinciale en la salle des tours du Temple, à Paris, le mercredi 22 novembre 1785 :

Président vénérable M. le Bailli de la Tour-St-Quentin, Lieutenant de Son Altesse Royale Mgr le Duc d'Angoulême, Grand-Prieur de France :

A été présenté le mémorial des titres de noble Augustin d'Angerville, reçu de minorité, requérant qu'il lui fût nommé des Commissaires pour la confection de ses preuves, sur quoi la vénérable Assemblée a préalablement nommé pour examiner ledit mémorial MM. les Chevaliers de Lombelon et de Calonne, lesquels s'étant retirés dans l'embrasure d'une croisée l'ont, après un temps suffisant, rapporté pour bon et valable ; sur quoi la vénérable Assemblée a nommé pour la confection des preuves vénérable M. le Bailli Desnos et Chevaliers de Géraldin, de Boniface, Cadet de Lombelon, de Rasson et de Montcanisy, ou deux d'iceux.

NOBLE AUGUSTIN D'ANGERVILLE PRÉSENTÉ.

BAPTISTAIRE 1778.

Ci, nous Commissaires, pour prouver la naissance légitime du présenté, avons vu et employons son baptistaire, à nous produit, par extrait, sur papier timbré, dûment collationné et légalisé, tiré des registres de l'église paroissiale de Notre-Dame de Douville, diocèse de Lisieux, duquel appert que, le 24 août 1778, naquit et fut baptisé Augustin d'Angerville, fils de Messire Thomas-Robert-Nicolas, Comte d'Angerville, Seigneur de la Marontière et autres lieux, et de noble Dame Augustine-Marie-Anne-Lucie d'Auray son épouse.

BREF DE MINORITÉ.

1783.

Plus, nous avons vu et employons l'expédition originale, sur papier, d'un bref de notre saint père le Pape Pie VI, donné à Rome, à Ste-Marie-Majeure, sous l'anneau du pêcheur, le 28 juillet 1783, en vertu duquel Mgr le Grand-Maître, frère Emmanuel de Rohan, reçoit de minorité, au rang de Chevalier de Justice, dans la vénérable langue et Grand-Prieuré de France et dispense d'âge, noble Augustin d'Angerville, fils de noble Thomas-Robert-Nicolas, Comte d'Angerville, et de Dame Augustine-Marie-Anne-Lucie d'Auray, son épouse; accordant audit noble d'Angerville terme et délai de deux années pour le paiement de son passage, ledit bref registré en la chancellerie de Malte, le 26 août suivant, scellé de l'effigie de son Éminence, sur cire noire, et signé : *Frater Bajulivus Ludovicus d'Almeyda, Portugal vice-cancellarius, coadjutor.*

QUITTANCE DE PASSAGE.

1785.

Plus, nous avons vu et employons l'expédition originale, sur parchemin, à nous produite, d'une quittance donnée à Paris, le 26 août 1785, devant Me Maigret et son confrère, notaires au Châtelet de Paris, par vénérable M. le Bailli d'Avrincourt, Procureur et Receveur-Général du commun trésor de notre Ordre au Grand-Prieuré de France, à noble Augustin d'Angerville, fils mineur de noble Thomas-Robert-Nicolas, Comte d'Angerville, et de noble Dame Augustine-Marie-Anne-Lucie d'Auray, son épouse, de la somme de 6,976 livres dix sols, valeur de 360 pistoles d'or d'Espagne, à raison de 19 fr. 7 s. 7 d. la pistole pour le droit de passage, minorité et dispense d'âge dudit noble Augustin d'An-

4*

gerville, afin d'être reçù au rang des Chevaliers de Justice en la vénérable langue et Grand-Prieuré de France, conformément au bref ci-dessus énoncé, ladite quittance signée :

MAIGRET et ARNAUD, avec paraphe.

ARBRE GÉNÉALOGIQUE.

Enfin nous avons vu et employons un arbre généalogique, peint sur vélin, représentant les armoiries des huit quartiers tant paternels que maternels du présenté avec leurs blasons, métaux et émaux.

COTÉ PATERNEL.

LIGNE DIRECTE D'ANGERVILLE.

THOMAS-ROBERT-NICOLAS D'ANGERVILLE père.

BAPTISTAIRE 1740.

Nous, Commissaires, pour prouver la naissance légitime du Seigneur père du présenté, avons vu et employons son baptistaire, à nous produit par extrait, sur papier timbré, dûment collationné, signé et légalisé, tiré des registres de baptême de la paroisse St-Jean de Caen, duquel appert que le huit décembre 1740 fut baptisé Thomas-Robert-Nicolas, né la veille, fils de M. Louis-Jacques-François d'Angerville, Seigneur et Patron de Grainville et d'Auvrecher, et de noble Dame Marie-Jeanne-Madeleine-Françoise Hüe, son épouse.

CONTRAT DE MARIAGE.

1767.

Pour également prouver le mariage dudit Seigneur, père du présenté, nous avons vu et employons le contrat à nous produit, en original sur papier non timbré, duquel nous avons extrait ce qui suit :

Contrat de mariage passé sous seing privé, le 21 novembre 1767, entre M. Thomas-Robert-Nicolas d'Angerville d'Auvrecher, fils de haut et puissant Seigneur Messire Louis-Jacques-François d'Angerville d'Auvrecher, Chevalier, Marquis d'Angerville, Seigneur et Patron de Douville, Grainville et autres lieux, et de haute et puissante Dame Marie-Jeanne-Françoise-Madeleine Hüe, Marquise d'Angerville, ses père et mère d'une part, et noble Demoiselle Augustine-Marie-Anne-Lucie d'Auray, fille de haut et puissant Seigneur Messire Marie-Eugène-Beuve d'Auray, Chevalier, Marquis de St-Poix, Seigneur et Patron dudit St-Poix et autres lieux, et de feu haute et puissante Dame Lucie de Goddes de Varenne, ses père et mère, d'autre part, ledit contrat signé de toutes les parties.

CÉLÉBRATION DE MARIAGE.

1767.

Pour d'autant mieux prouver ledit mariage, nous en avons vu et employons l'acte de célébration, à nous produit, par extrait dûment collationné, signé et légalisé, tiré des registres de la paroisse de St-Poix, duquel appert que le 1er décembre dudit an 1767 fut célébré en ladite église, le mariage dudit Sieur Thomas-Robert-Nicolas d'Angerville d'Auvrecher et Demoiselle Augustine-Marie-Anne-Lucie d'Auray de St-Poix, père et mère du présenté.

GARDE DE LA MARINE.

1783.

Et pour prouver la noblesse du présent degré, ainsi que les services militaires du père du présenté, nous avons vu et employons un certificat original sur papier signé : MARÉCHAL DE CASTRIES, scellé du cachet de ses armes, sur cire rouge, contre-signé BLOUIN, donné à Versailles, le 13 juillet 1783, par lequel ledit Seigneur Maréchal de Castries, en qualité de Ministre et Secrétaire d'État, au département de la Marine et des Colonies, atteste que Messire Thomas-Robert-Nicolas d'Angerville a été admis, le 18 mai 1757, dans la compagnie des Gardes de la Marine, au port de Brest, et qu'il a obtenu la permission de quitter le service le 18 décembre 1760.

LOUIS-JACQUES-FRANÇOIS D'ANGERVILLE,

Aïeul paternel.

BAPTISTAIRE 1716.

Nous, Commissaires, pour constater la naissance légitime du Sieur aïeul paternel du présenté, avons vu et employons son baptistaire à nous produit, par extrait dûment collationné et signé, tiré des registres de la paroisse de St-Jean de Caen, duquel appert que le 18 février 1716 et le 3 février 1726 fut baptisé, avec supplément de cérémonies, Louis-Jacques-François, fils de M. Louis-Thomas d'Angerville d'Auvrecher, Chevalier, Seigneur de Grainville, Heulland et autres lieux, et de noble Dame Charlotte-Marguerite-Françoise d'Abos.

CONTRAT DE MARIAGE.

1739.

Pour également constater le mariage dudit aïeul paternel, nous en avons vu et employons le contrat, à nous produit en expédition originale, sur papier non timbré, dont nous avons extrait ce qui suit :

Contrat de mariage fait et passé sous seing privé, le 19 janvier 1739, entre Louis-Jacques-François d'Angerville d'Auvrecher, Écuyer, Seigneur de Grainville, Heulland et autres lieux, fils de Louis-Thomas d'Angerville, Écuyer, Seigneur desdits lieux, et de noble Dame Charlotte-Marguerite-Françoise d'Abos, d'une part, et Demoiselle Marie-Jeanne-Madeleine-Françoise Hüe, fille de Messire Pierre-Louis-Augustin Hüe, Écuyer, Seigneur et Patron de Mutrecy, et de défunte noble Dame Marie-Françoise Cornière, d'autre part.

CÉLÉBRATION DE MARIAGE.

1739.

Pour d'autant mieux prouver ledit mariage, nous en avons vu et employons l'acte de célébration, à nous produit par extrait dûment collationné, signé et légalisé, tiré des registres de la paroisse de Mutrecy, duquel appert que, le 3 février 1739, furent mariés Messire Louis-Jacques-François d'Angerville d'Auvrecher et Demoiselle Marie-Jeanne-Madeleine-Françoise Hüe de Mutrecy, aïeul et aïeule paternels du présenté.

GARDE-NOBLE.

1726.

Pour établir la noblesse du présent degré, nous avons vu et employons des lettres-patentes, à nous produites en original, sur parchemin, données à Versailles, le 29 février 1726, signées : Louis, et plus bas par le Roi, Fleuriau, et dûment scellées, par lesquelles Sa Majesté donne au Sieur Dauchin de St-Louet la garde-noble et administration des biens du fils mineur de feu Sieur Thomas-Louis d'Angerville d'Auvrecher et de la Dame sa veuve, laquelle garde-noble lui appartenait à cause de son Duché de Normandie et des fiefs et biens nobles appartenant audit mineur dans l'étendue d'icelui pour, par ledit Seigneur Dauchin de St-Louet, les régir et gouverner pendant la minorité dudit Sieur d'Angerville, à la charge de le faire nourrir et élever dans les exercices convenables à son état, le tout ainsi qu'il est plus au long détaillé auxdites lettres.

MAINLEVÉE DE GARDE-NOBLE.

1742.

Plus, nous avons vu et employons d'autres lettres-patentes, aussi à nous produites en original sur parchemin, dûment signées : Louis, plus bas Amelot, et scellées, données à Versailles, le 14 mai 1742, desquelles appert que Sa Majesté a donné à son cher et bien-aimé Louis-Jacques-François d'Angerville de Grainville, mainlevée de la garde-noble de ses personne et biens, commise au Sieur Dauchin de St-Louet, comme ayant atteint l'âge de majorité requis dans la coutume de Normandie. Lesdites lettres registrées en la Cour des Comptes, Aides et Finances de Rouen, pour jouir, par l'impétrant, du bénéfice d'icelles, le 16 Avril 1742, signé : Déjort.

PARTAGE.

1727.

Plus, nous avons vu et employons l'expédition originale, sur parchemin timbré, à nous produite, d'un acte fait et passé à

Caen, le 21 janvier 1727, devant Thomas Gouye et Jacques Fagnet, notaires royaux en ladite ville, par lequel le Sieur François Dauchin, Écuyer, Seigneur de St-Louet de Gruchy, tuteur principal du noble fils mineur de Messire Louis-Thomas d'Angerville, Chevalier, Seigneur de Grainville, Heulland et autres lieux, et noble Dame Marie-Geneviève de Clacy, veuve et héritière de Messire Robert d'Angerville, Chevalier, Seigneur de Branville, tutrice des enfants mineurs dudit Seigneur et d'elle, ont procédé au partage des biens propres, immeubles de noble Dame Thomasse Bellet, veuve de Messire Hervé le Verrier, Chevalier, Seigneur de Thoüille, de laquelle ledit Sieur de Grainville, mineur et héritier pour une moitié, et des mineurs de Branville pour une autre ; par l'événement duquel partage le premier lot desdits biens est échu audit Sieur de Grainville, ainsi qu'il est plus au long désigné audit acte.

AVEU AU ROI.

1743.

Plus, nous avons vu et employons l'expédition originale, sur parchemin, d'un aveu et dénombrement rendu au Roi, le 4 avril 1743, en la Chambre des Comptes de Normandie, par Louis-Jacques-François d'Angerville d'Auvrecher, Chevalier, Seigneur de Grainville, pour raison de sa terre, fief et seigneurie de Grainville, plein-fief de haubert, ayant basse-justice, cour et usage, colombier, moulin, domaine fieffé et non fieffé, tenu et mouvant du Roi, à foi et hommage, à cause de sa Vicomté de Falaise, lequel fief appartient audit avouant à droit successif de feu Louis-Thomas d'Angerville, Chevalier, Seigneur de Grainville, son père, lequel était fils et héritier de feu Louis d'Angerville, Chevalier, Seigneur dudit fief, lequel était fils et héritier de Jean d'Angerville, aussi Chevalier, Seigneur dudit fief, ledit aveu dûment signé et scellé.

5

FOI-HOMMAGE AU ROI.

1742.

Plus, nous avons vu et employons l'expédition originale, sur parchemin, à nous produite, d'une foi-hommage rendue au Roi, en la Chambre des Comptes de Normandie, le 13 août 1742, par son cher et bien-aimé Louis-Jacques-François d'Angerville d'Auvrecher, Chevalier, Seigneur de Grainville, pour raison du fief de Grainville, relevant de Sa Majesté par un plein-fief de haubert, à cause de sa Vicomté de Falaise, ledit fief à lui appartenant par droit successif dudit feu Sieur son père, auquel hommage il a été reçu, et mainlevée lui a été accordée dudit fief, au cas que la saisie d'icelui ait eu lieu, faute de devoirs' non rendus, de quoi il lui a été donné acte, signé : Martin.

FOI-HOMMAGE AU ROI.

1776.

Plus, nous avons vu et employons l'expédition originale, sur parchemin, à nous produite, d'un autre acte de foi-hommage rendue au Roi en sa Chambre des Comptes de Normandie, par le même Louis-Jacques-François d'Angerville, et pour raison de son dit fief de Grainville, à laquelle foi-hommage il était tenu envers Sa Majesté, à cause de son heureux avénement à la couronne, ce dont il lui a donné acte, signé : le Sueur.

LOUIS-THOMAS D'ANGERVILLE,

1er Bisaieul paternel.

CONTRAT DE MARIAGE.

1715.

Nous, Commissaires, pour établir le mariage du 1er bisaïeul paternel, nous avons vu et employons le contrat à nous produit, en grosse originale, sur parchemin, dont nous avons extrait ce qui suit :

Contrat de mariage fait et passé, le neuf mai 1715, devant Louis Helliot, tabellion héréditaire en la Vicomté de Roncheville pour le siége de Beaumont, entre Maître Louis-Thomas d'Angerville, Chevalier, Seigneur de Grainville, Heulland et autres lieux, fils de Messire Louis d'Angerville, Seigneur dudit lieu, et de Dame Anne Bellet, ses père et mère, d'une part, et Demoiselle Charlotte-Marguerite-Françoise d'Abos, fille de Messire Charles d'Abos, Chevalier, Seigneur de St-Cloud, la Barberie et autres lieux, Gentilhomme et Lieutenant des Gardes de Son Altesse Sme Mgr le Comte de Toulouse, Grand-Amiral de France, et de feue Dame Marguerite Bitauld, ses père et mère, d'autre part.

HOMMAGE AU ROI.

1713.

Et, pour constater la noblesse du présent degré, nous, Commissaires, avons vu et employons l'expédition originale, sur parchemin, d'un acte de foi-hommage rendue au Roi, en sa Chambre des Comptes de Normandie, le 20 février 1713, par Louis-Thomas d'Angerville, Chevalier, Seigneur de Grainville, pour raison du fief, terre, et Seigneurie dudit Grainville, tenu de Sa Majesté, en plein-

5*

fief de haubert, à cause de sa Vicomté de Falaise, lequel fief lui appartient par droit successif du feu Seigneur d'Angerville, son père, à laquelle foi et hommage il a été reçu, à la charge de donner son aveu et dénombrement, dans le temps fixé par la coutume, et lui a été du tout donné le présent acte, signé : LE BAUNE.

AVEU AU ROI

1713.

Plus, nous avons vu et employons l'expédition originale, sur parchemin, d'un aveu et dénombrement rendus au Roi en ladite Chambre des Comptes de Normandie, le 6 mars 1713, par ledit Messire Louis-Thomas d'Angerville, pour raison du même fief de Grainville, à lui appartenant comme fils et héritier de feu Louis d'Angerville, son père, lequel était fils et héritier de feu Jean d'Angerville, son aïeul, fils et héritier de René d'Angerville, son bisaïeul, et ledit René, fils et héritier de François d'Angerville, son trisaïeul, lesdits Sieurs d'Angerville, tous Chevaliers, Seigneurs dudit fief de Grainville, ledit aveu signé : DE LA CROIX, et scellé.

ARRÊT

DE LA CHAMBRE DES COMPTES DE ROUEN.

1713.

Plus, nous avons vu et employons la grosse originale, sur parchemin, d'un arrêt rendu à la Cour des Aides, Comptes et Finances de Normandie, le 12 juillet 1713, lequel donne acte à Louis-Thomas d'Angerville, Chevalier, Seigneur de Grainville, de la pleine et entière mainlevée de son dit fief de Grainville, au cas qu'il ait été saisi fauté de devoirs non rendus, après avoir vu son aveu rendu à ladite cour, le 6 mars précédent, ledit arrêt signé : GOURDAIN, et scellé.

PARTAGE.

1710.

Plus, nous avons vu et employons l'expédition originale, sur papier, d'un acte de partage, fait sous seing privé, le 15 août 1710, et reconnu devant Jean-François, Pierre et François de Grainville, tabellions royaux à Dives, des biens de feu Messire Louis d'Angerville, Chevalier, Seigneur de Grainville, Seigneur honoraire des paroisses de Heulland, Branville et autres lieux, et de feu noble Dame Anne Bellet, entre Louis-Thomas d'Angerville, Robert d'Angerville et Laurent d'Angerville, Prêtre, Écuyer, frères, enfants desdits Seigneurs et Dames susnommés, duquel partage appert, etc.

AUTRE PARTAGE.

1710.

Plus, nous avons vu et employons une autre expédition originale, sur papier, à nous produite, d'un acte de partage fait sous seing privé, le 23 septembre, audit an 1710 et reconnu le 25 desdits mois et an, devant les mêmes notaires que dessus, des biens de feu Laurent d'Angerville, vivant Écuyer, Prêtre ; entre Louis-Thomas d'Angerville et Robert d'Angerville, frères, Écuyers, héritiers chacun pour moitié dudit défunt leur frère, duquel partage appert, etc.

_____

LOUIS D'ANGERVILLE,

1ᵉʳ Trisaïeul paternel.

CONTRAT DE MARIAGE.

1677 et 1678.

Nous, Commissaires, pour prouver le mariage du 1ᵉʳ trisaïeul paternel du présenté, en avons vu et employons le contrat en grosse originale, sur parchemin timbré, dont nous avons extrait ce qui suit :

Contrat de mariage fait sous seing privé, le 13 décembre 1677, et reconnu, le 18 février 1678, devant Étienne-Chrétien et Charles Duchemin, notaires royaux à Caen, entre Louis d'Angerville, Chevalier, Seigneur de Grainville et autres lieux, fils et seul héritier de feu Messire Jean d'Angerville, vivant Seigneur des mêmes terres et Seigneuries, et de noble Dame Barbe-Jubert, ses père et mère, d'une part, et Demoiselle Anne Bellet, fille de Messire Pierre Bellet, Greffier en Chef des Enquêtes de Camp, et de Demoiselle Jeanne Ousouf, ses père et mère, d'autre part.

MAINTENUE DE NOBLESSE.

1708.

Et, pour prouver la noblesse du présent degré, ainsi que celle de la présente ligne directe, nous, Commissaires, avons vu et employons l'expédition originale, sur papier timbré, à nous produite d'un jugement rendu à Caen, le 25 avril 1708, par Messire Foucault de Magny, Intendant de ladite ville et généralité, duquel appert que Louis d'Angerville, Écuyer, Seigneur de Grainville, a été maintenu et gardé, ainsi que Louis-Thomas (1er bisaïeul), Robert et Laurent d'Angerville, ses enfants et postérité, nés et à naître, en légitime mariage, en la qualité de nobles et d'Écuyers, tant qu'ils vivront noblement, et ne feront acte de dérogeance, et ce après que ledit Sieur Louis d'Angerville a eu prouvé sa noblesse, par titres authentiques, desquels appert qu'il est fils de Jean d'Angerville, Écuyer, et de Demoiselle Barbe Jubert de Bonnemars, Canteleu, Gamaches et autres lieux, que ledit Jean est fils de René d'Angerville, Écuyer, et de Demoiselle Marie-Madeleine Boivin de Galleville, que ledit René est fils de François d'Angerville et de noble Demoiselle Catherine le Doyen d'Authon, que ledit François est fils de Jean d'Angerville, Écuyer, Seigneur de Grainville, et de Demoiselle Jaqueline de Dreux; et que ledit Jean d'Angerville est fils de Charles d'Angerville, Écuyer, et de Demoiselle Marie Louvel de Valencey, quartaïeuls paternels dudit Sieur Louis d'Angerville, et par conséquent huitièmes aïeuls aussi paternels du présenté, ledit jugement signé : Foucault.

DÉNOMBREMENT AU ROI.

1679.

Plus, nous avons vu et employons l'expédition originale, sur parchemin timbré, d'un dénombrement rendu au Roi, en sa Chambre des Comptes de Rouen, le 29 mai 1679, par Louis d'Angerville, Chevalier, Seigneur d'Angerville, de Grainville, la Montagne, et du fief de Thiesset, pour raison du fief, terre et Seigneurie de Grainville, tenue de Sa Majesté, à cause de sa Vicomté de Falaise, par foi et hommage et plein-fief de Chevalier, auquel fief il y a cour, usage, basse-justice, domaine fieffé et non fieffé, manoir, colombier, moulin, relief et autres droits seigneuriaux et lequel lui est échu comme fils et héritier de Jean d'Angerville, lequel était fils de René, et ledit René fils de François. Tous lesdits Seigneurs d'Angerville, Chevaliers seigneuriaux desdits lieux.

ARRÊT

DE LA CHAMBRE DES COMPTES DE ROUEN.

1679.

Plus, nous avons vu la grosse originale, en parchemin, d'un arrêt rendu en ladite Chambre des Comptes de Rouen, le 30 octobre, audit an 1679, par lequel, sur le vu de l'acte de foi et hommage et aveu et dénombrement rendus au Roi, les premier mars et 29 mai précédent, par Louis d'Angerville, Écuyer, Seigneur de Grainville, pour raison de son dit fief de Grainville, lui donne pleine et entière mainlevée des saisies qui auraient pu être faites de son dit fief, faute de devoirs non rendus, ledit arrêt signé : Auvrey, et scellé.

JEAN D'ANGERVILLE,

1er Quartaïeul paternel.

CONTRAT DE MARIAGE.

1641.

Nous, Commissaires, pour constater le mariage du 1er quart-aïeul paternel du présenté, en avons vu et employons le contrat, à nous produit, en original, sur papier non timbré, dont nous avons extrait ce qui suit :

Contrat de mariage fait sous seing privé, le 19 janvier 1641, entre Jean d'Angerville, Écuyer, Sieur du lieu, fils de René d'Angerville, Écuyer, Seigneur de Grainville, et de Dame Madeleine Boivin, ses père et mère, d'une part, et Demoiselle Barbe Jubert, fille de George Jubert, Écuyer, Seigneur de Bonnemars, Canteleu, Gamaches et autres lieux, Conseiller du Roi et Trésorier-Général de France, en la généralité de Rouen, et de Dame Marie Marc, ses père et mère, d'autre part.

MAINTENUE DE NOBLESSE.

1668.

Et, pour prouver la noblesse du présent degré, nous, Commissaires, avons vu et employons l'expédition originale, sur papier timbré, à nous produite, du jugement rendu au Pont-de-l'Arche, le 18 septembre 1668, par M. Barin de la Galissonière, Commissaire départi par Sa Majesté en la province de Normandie et généralité de Rouen, pour la recherche des usurpateurs des titres de noblesse, duquel jugement appert que Jean d'Angerville, Écuyer, Seigneur de Grainville, François et Antoine d'Angerville ont tous été maintenus dans la qualité de nobles et d'Écuyers, après avoir par eux fourni les titres authentiques de leur noblesse, ledit jugement signé : BARAIN, plus bas par Mgr DUVERGER.

ARRÊT DU CONSEIL D'ÉTAT PRIVÉ.

1654.

Plus, nous avons vu et employons la grosse originale, en parchemin, à nous produite d'un arrêt rendu par le Roi, en son Conseil privé, tenu à Paris, le 28 août 1654, entre Messire Nicolas de Caux, Prêtre, Curé du Mesnil, demandeur, d'une part; Jean d'Angerville, Écuyer, Seigneur de Grainville, ayant repris l'instance au lieu de défunt René d'Angerville, son père, défendeur, d'autre part, et autres parties y dénommées, lequel arrêt déboute le Sieur de Caux de ses demandes contre le Sieur d'Angerville et le condamne aux dépens, signé : Démons.

RENÉ D'ANGERVILLE,

5ᵐᵉ Aïeul paternel.

CONTRAT DE MARIAGE.

1612.

Nous, Commissaires, pour établir le mariage du premier quint-aïeul paternel du présenté, en avons vu et employons le contrat, à nous produit, en grosse originale, sur parchemin, non timbré, dont nous avons extrait ce qui suit :

Contrat de mariage fait et passé, le 15 décembre 1612, devant Abraham Théroulde et Thomas Dubosc, tabellions royaux à Rouen, entre René d'Angerville, Écuyer, Seigneur de Grainville, fils aîné de feu noble homme François d'Angerville, vivant Sieur dudit Grainville et de Gonneville, et de Demoiselle Catherine le Doyen, ses père et mère, d'une part, et Demoiselle Madeleine Boivin, fille de Robert Boivin, Écuyer, Sieur de Galleville, Conseiller, Notaire et Secrétaire du Roi, Maison, Couronne de France, et de feue Demoiselle Anne de Baucmar, ses père et mère, d'autre part.

DÉCHARGE DE FRANC-FIEF.

1641.

Et, pour prouver la noblesse tant du présent degré que de la présente ligne directe, nous avons vu et employons l'expédition en original, sur parchemin, non timbré, à nous produite, d'un jugement rendu, le 26 juin 1641, par Claude Pâris, Intendant de la province de Normandie, généralité de Rouen, et Étienne Paschal, Commissaires Généraux députés par Sa Majesté pour la confirmation de l'exemption du droit de franc-fief, suivant l'arrêt du Conseil du dernier février 1640, duquel appert que René d'Angerville, Sieur de Grainville, et Antoine d'Angerville, Sieur de Gonneville et d'Anthon, fils et héritier de défunt Robert d'Angerville, frère puîné dudit René ont eu mainlevée de la saisie de leurs fiefs, comme étant nés de race noble, ce qu'ils ont prouvé par titres authentiques, desquels appert que lesdits René et Robert d'Angerville étaient fils de François d'Angerville, ledit François fils de Jean d'Angerville, Écuyer, ledit Jean fils de Charles d'Angerville, Écuyer, ledit Charles fils de Robert d'Angerville, Chevalier, Sieur de Tresly, et ledit Robert d'Angerville fils d'autre Robert d'Angerville, Chevalier, Seigneur de Grainville et de plusieurs autres terres, lequel est quartaïeul dudit René, dont est ici question, et par conséquent dixième aïeul paternel du présenté, ledit jugement signé : PARIS, PASCHAL, et plus bas Messire CORNEILLAN.

HOMMAGE AU ROI.

1604.

Plus, nous avons vu et employons l'expédition originale, sur parchemin, à nous produite, d'un acte de foi-hommage rendue au Roi, en sa Chambre des Comptes de Normandie, du 12 mai 1604, par son cher et bien-aimé René d'Angerville, pour raison dudit fief de Grainville et dépendances, relevant de Sa Majesté en plein-fief de haubert, à cause de sa Vicomté de Falaise, et appartenant audit Sieur, par le décès de feu François d'Angerville, à laquelle foi-hommage il a été reçu à la charge de fournir, dans le temps de la coutume, son aveu et dénombrement. Signé : LOUVEL.

PARTAGE NOBLE.

1600.

Plus, nous avons vu et employons l'expédition originale, sur papier, à nous produite, d'un partage noble, fait le 20 mai 1600, devant Pierre Blandin, tabellion royal, en la Vicomté de Falaise, pour le siége d'Auberville, des biens de feu noble homme François d'Angerville, vivant Seigneur de Grainville, entre noble homme George d'Auberville, Sieur dudit lieu, comme tuteur de nobles hommes René et Robert d'Angerville, frères, enfants mineurs dudit défunt et de noble Catherine le Doyen, veuve dudit défunt, leur mère, duquel partage appert que le premier lot, consistant en différentes pièces de terre et rentes, est échu à ladite Dame pour son douaire et usufruit, et les deux autres lots, consistant dans la terre de Gonneville et celle de Grainville, avec différentes rentes seigneuriales et autres droits féodaux, sont échus auxdits mineurs.

FRANÇOIS D'ANGERVILLE,

6ᵐᵉ Aieul paternel.

INCOMMUNITÉ DE BIENS PROUVANT MARIAGE.

1609.

Nous, Commissaires, à défaut du contrat de mariage du 1ᵉʳ sext-aïeul paternel du présenté qui n'a pu être récupéré, avons vu et employons, pour prouver ledit mariage, un acte à nous produit en original, sur parchemin, fait et passé, le 13 décembre 1609, devant

7*

Robert, beau-frère, tabellion royal juré en la Vicomté d'Orbec, Ser-
genterie de Folleville, entre Robert d'Angerville, Écuyer, Seigneur
de Gonneville, d'une part; Demoiselle Madeleine de Sollier, veuve
de feu Pierre le Doyen, vivant Écuyer, Sieur d'Anthon, d'autre part, et Demoiselle Catherine le Doyen, veuve de feu François
d'Angerville, vivant Écuyer, Sieur de Grainville, aussi d'autre
part, par lequel acte ils déclarent que, quoiqu'ils aient jusqu'a-
lors demeuré tous ensemble, il n'y a point eu entre eux de com-
munauté de biens et qu'ils ne sont point solidaires les uns pour
les autres des engagements qu'ils peuvent contracter.

AVEU AU ROI.

1590.

Et, pour prouver la noblesse du présent degré, nous avons vu et
employons un aveu à nous produit, en original, sur parchemin,
rendu au Roi, en sa Chambre des Comptes de Normandie, par
son cher et bien-aimé François d'Angerville, Écuyer, Sieur de
Grainville, d'un moulin à eau relevant de sa dite Majesté, à
cause de sa Vicomté d'Auge, lequel moulin est situé en la paroisse
de Heulland et a droit de banalité, ledit aveu reçu par la Chambre, signé : LE FORT.

TRANSACTION SUR PARTAGE. — FILIATION.

1569.

Plus, nous avons vu et employons une transaction à nous produite, en original, sur parchemin, faite et passée, le 5 décembre
1569, devant Pierre Chevance, tabellion royal à Rouen, entre
Pierre d'Angerville, Sieur de Valencey, Tressy, Corbigny et Loreul,
d'une part, et François d'Angerville, Sieur de Grainville et Gonneville, d'autre part, tous deux frères, enfants et héritiers de
défunt Jehan d'Angerville, vivant Écuyer, Sieur de Trelly, Vicomte

de Coutances, et de Demoiselle Jacqueline de Dreux, leur père et
mère, et encore comme héritiers de René d'Angerville, leur frère
aîné, par laquelle transaction, il est dit que les partages entre eux
faits des successions de leurs feu père et mère et frère resteront
dans leurs force et vertu; que ledit François demeurera propriétaire des terres et seigneuries de Grainville et Gonneville, et que
les autres objets demeureront au Sieur de Valencey, annulant toù-
tes procédures commencées à ce sujet, le tout ainsi qu'il est plus
au long détaillé audit acte, lequel a été homologué au Parlement
de Rouen, par arrêt signé : LA COUR DES JARDINS.

PARTAGE NOBLE.—FILIATION.

1549.

Plus, nous avons vu et employons un acte à nous produit en
original, sur parchemin, étant un partage noble, fait le 24 juin
1549, devant Jehan Lesneu et Pierre Paulin, tabellions royaux en
la Vicomté d'Auge, au siége de Dives, des biens et successions de
noble et puissant Seigneur Messire Charles d'Angerville, vivant
Chevalier, Seigneur de Grainville, Tresly, Tombreville, Manneville et autres terres, et de noble Dame Marie Louvel, sa femme,
entre nobles et discrètes personnes Robert d'Angerville, Prêtre, Curé
de Tresly, Louis d'Angerville, aussi Prêtre, Curé de Cereur, frères,
enfants puînés desdits défunts, d'une part ; René d'Angerville, Charles d'Angerville, frères, tant pour eux que pour François d'Angerville, leur frère mineur, tous trois enfants et héritiers de défunt
Jehan d'Angerville, fils aîné dudit défunt Charles d'Angerville et
de ladite Dame Louvel, et frères aînés desdits Robert et Louis d'Angerville, duquel partage appert que le premier lot, consistant dans
le fief, terre et Seigneurie de Tresly, la Vavassorerie de Grainville,
le clos Dupuis et le moulin de Heulland est échu aux Sieurs René,
Charles et François d'Angerville, comme représentant leur père,
etc., le tout ainsi qu'il est plus au long détaillé audit acte.

AVEU AU ROI

1549.

Plus, nous avons vu et employons un aveu à nous produit en original, sur parchemin, rendu au Roi, le 25 novembre 1549, par noble homme René d'Angerville, Seigneur de Grainville, au nom et comme tuteur, par justice, de François d'Angerville, Écuyer, sous âge, son frère puîné, pour raison d'une pièce de terre, située en la paroisse de Heulland, contenant demi-acre avec un moulin à blé dessus, auquel moulin il y a hommes sujets et rentes qui en dépendent, le tout relevant de Sa Majesté, à cause de sa Vicomté d'Auge, et pour lequel moulin il est dû relief, dixièmes et aides, quand le cas y échet, ledit aveu reçu sauf blâme.

SENTENCE DE TUTELLE.

1548.

Plus, nous avons vu et employons une sentence à nous produite en original, sur parchemin, rendue le 14 novembre 1548, au bailliage de Cottentin, à la requête de noble homme René d'Angerville, Seigneur de Grainville, fils aîné et principal héritier de défunt noble homme Jehan d'Angerville, vivant Seigneur de Tresly, Vicomté de Coutances, par laquelle le Sieur Gilles d'Argouges a été nommé tuteur de François d'Angerville, frère mineur dudit René, laquelle charge ledit Sieur d'Argouges a acceptée, après avoir prêté le serment en tel cas requis.

JEHAN D'ANGERVILLE,

7ᵐᵉ Aïeul paternel.

DISPENSE DE MARIAGE.

1526.

Nous, Commissaires, à défaut du contrat de mariage du 1ᵉʳ sept-aïeul paternel du présenté, qui n'a pu être récupéré, avons vu et employons, pour y suppléer, un bref à nous produit en original,

sur parchemin, et en langue latine, donné à Rome, à St-Pierre, le
15 août 1726, par notre saint père le Pape Clément VII, par lequel
Sa Sainteté permet à Jehan d'Angerville d'épouser Jacqueline de
Dreux, veuve d'Olivier Deshays, Seigneur de Bolegueroult, mal-
gré leur parenté au degré prohibé dont il les a relevés.

TRANSACTION.—FILIATION.

1514.

Et, pour d'autant mieux prouver la filiation et en même temps
la noblesse du présent degré, nous avons vu et employons une
transaction à nous produite, en original, sur parchemin, faite et
passée, le 22 avril 1514, entre noble Dame Marie Louvel, veuve de
noble homme Messire Charles d'Angerville, vivant Chevalier,
Seigneur de Grainville, et épouse en secondes noces de noble
homme Jacques le Comte, Seigneur de St-Denis, d'une part, et
nobles hommes Jehan Robert et Louis d'Angerville, enfants de ladite Dame Marie Louvel et dudit défunt Charles d'Angerville, son
premier mari, d'autre part, par laquelle transaction ont été arrêtées
différentes clauses et conditions, plus amplement détaillées audit
acte.

FOI-HOMMAGE AU ROI. — FILIATION.

1539.

Plus, nous avons vu et employons une foi-hommage à nous pro-
duite en original sur parchemin, faite au Roi en la Chambre des
Comptes de Paris, le 17 novembre 1539, par Jacques d'Angerville,
Curé de Petitville, au nom et comme fondé de procuration de
Jehan d'Angerville, Écuyer, pour raison des terres et Seigneuries
de Grainville, Buseval et Gonneville, tenues à foi et hommage de
Sa Majesté, à cause de ses Vicomtés d'Auge et de Falaise, lesquel-
les terres appartenaient audit Jehan d'Angerville, savoir : celle de
Grainville et Buseval, par le décès de feu Charles d'Angerville, son

père, et celle de Gonneville par l'acquisition qu'il en a faite de Guillaume d'Angerville, à laquelle foi et hommage il a été reçu, à la charge de fournir son aveu et dénombrement et de payer les droits qui peuvent être dus, dont lui a été donné acte, signé : Taulier.

AVEU AU ROI.

1539.

Plus, nous avons vu et employons l'original à nous produit, en parchemin, d'un aveu rendu au Roi, le 6 mars 1539, devant le Bailly de Caen, par noble homme Jehan d'Angerville, Sieur du lieu de Grainville, pour raison de ladite Seigneurie, qui est un fief noble, ayant basse-justice et colombier, moulin et autres droits seigneuriaux, tenu de Sa Majesté, à cause de sa Vicomté de Falaise, et appartenant audit Jehan comme héritier de feu Charles d'Angerville, vivant Chevalier, Sieur dudit lieu, son père.

ARRÈT DE LA CHAMBRE DES COMPTES.

1542.

Plus, nous avons vu et employons un arrêt à nous produit, en original, sur parchemin, rendu, le 1er mai 1542, en la Chambre des Comptes de Paris, lequel a donné et donne à Jehan d'Angerville, Écuyer, Sieur de Grainville, Buseval et Gonneville, pleine et entière mainlevée de la saisie de ses fiefs, terres et Seigneuries pour en jouir librement et paisiblement et ce après vérification faite des aveu et foi-hommage, par lui rendus au Roi pour raison d'icelles, ledit arrêt signé: Guillois.

CHARLES D'ANGERVILLE,

8ᵐᵉ Aïeul paternel.

CONTRAT DE MARIAGE.

1482.

Nous, Commissaires, pour constater le mariage du huitième aïeul paternel, nous en avons vu et employons le contrat à nous produit en expédition collationnée, sur parchemin, dûment en forme, dont nous avons extrait ce qui suit :

Contrat de mariage fait sous seing privé, le 15 janvier 1482, entre Charles d'Angerville, Écuyer, fils de Robert d'Angerville, Écuyer, Seigneur de Grainville, d'une part, et Demoiselle Marie Louvel, fille de défunt noble homme Louis Louvel, vivant Écuyer, Seigneur de Valencey, et de Demoiselle Isabeau de Ver, ses père et mère, d'autre part.

DONATION.

1506.

Et, pour prouver la noblesse du présent degré, nous avons vu et employons un acte à nous produit en original, sur parchemin, fait et passé, le 1ᵉʳ juin 1506, devant Guillaume Jourdain et Guillaume Bouillont, tabellions jurés au siége de Coutances, par lequel noble Dame Marie Louvel, veuve de noble homme Charles d'Angerville, vivant Chevalier, Seigneur de Grainville, Tresly, Valencey, Corbigny et autres terres, cède, quitte et délaisse, en avancement de succession, à ses enfants, pour l'amour qu'elle leur porte, les Terres et Seigneuries et de pouvoir disposer du patronage d'icelles terres, le tout ainsi qu'il est plus au long détaillé audit acte.

7

PARTAGE NOBLE.

1493.

Plus, nous avons vu et employons un acte à nous produit en original, sur parchemin, étant un partage noble, fait, le 6 août 1493, devant Jehan Regnault et Raoulin Guist, clercs tabellions jurés en la Vicomté de Saint-Sauveur, des biens et successions de feu noble homme Louis Louvel, vivant Écuyer, Seigneur de Valencey, entre Demoiselle Catherine Louvel, fille et héritière dudit Sieur, d'une part; nobles personnes Charles d'Angerville, Sieur de Grain-ville, et Demoiselle Marie Louvel, son épouse, aussi fille dudit défunt Sieur, d'autre part, et noble Demoiselle Isabeau de Ver, veuve dudit défunt Sieur Louvel, et mère desdites Demoiselles, aussi d'autre part; par lequel partage il a été convenu que les Sieurs et Dame d'Angerville paieront le tiers du revenu du fief de Beaure-gard à la Demoiselle leur sœur, et que la terre de Valencey restera en commun, pour les revenus en être partagés par tiers, pour te-nir lieu de Douaire à ladite Demoiselle de Ver, leur mère.

ROBERT D'ANGERVILLE,

9ᵐᵉ Aïeul paternel.

DÉNOMBREMENT PROUVANT MARIAGE.

1466.

Nous, Commissaires, avons vu et employons, pour suppléer au contrat de mariage du neuvième aïeul paternel du présenté, qui n'a pu être récupéré, un aveu et dénombrement rendu, le 2 juillet 1466, à noble homme Messire Robert d'Angerville, Chevalier, et à Dame Jeanne Meuldrac, son épouse, Seigneur et Dame de Tresly, par Guillaume le Roussel, pour raison d'un fief nommé le fief au Chevalier, tenu par foi-hommage noblement et franchement, à cause de leur Seigneurie de Tresly, ledit aveu reçu par le Sénéchal dudit Tresly, qui en a donné acte, signé : Sebire.

TRANSACTION. — FILIATION.

1490.

Plus, nous avons vu, tant pour la noblesse que pour la filiation de ce degré, et employons une transaction à nous produite en original, sur parchemin, faite et passée, le 28 mars 1490, devant Robert de la Mazze et Jacques le Duc, tabellion royal en la Vicomté d'Auge, entre nobles personnes Robert d'Angerville, Écuyer, Sieur de Grainville, fils et héritier de défunt Messire Robert d'Angerville, en son vivant Chevalier et Sieur dudit lieu de Grainville, d'une part, et Richard d'Angerville, Écuyer, Sieur de Gonneville, fils et héritier de défunt Richard d'Angerville, vivant Écuyer, Sieur dudit lieu, et frère dudit défunt Robert d'Angerville, d'autre part, touchant les successions de défunt Gauthier et Colin d'Angerville, vivant Écuyer, frères desdits Robert et Richard pères, par laquelle transaction ledit Richard a cédé audit Robert tout ce qu'il pouvait prétendre ès dites successions, moyennant une rente perpétuelle, ainsi qu'il est énoncé audit acte.

AVEU AU ROI.

1461.

Plus, nous avons vu et employons un aveu à nous produit en original, sur parchemin, rendu au Roi, le 20 novembre 1461, par Robert d'Angerville, Chevalier, pour raison du fief noble de Grainville, tenu de sa dite Majesté noblement et franchement à cour et usage, moulin, manoir, colombier, basse-justice, relief et autres droits seigneuriaux, à cause de sa Vicomté de Falaise, au bailliage

7*

de Caen, pour lequel fief il est tenu de faire quarante jours de garde à la porte du Châtel de Breteuil, quand le cas y échet, le tout ainsi qu'il est plus au long énoncé audit acte.

HOMMAGE AU ROI.

1461.

Plus, nous avons vu et employons un acte de foi-hommage rendu au Roi entre les mains de M. le Chancelier, à Paris, le 19 septembre 1461, ledit acte à nous produit sur parchemin, en original, par son amé et féal Robert d'Angerville, Chevalier, pour raison des Seigneuries de Grainville et fief des Hayes et d'Equetonvast, mouvant de Sa Majesté, le premier à cause de son hôtel et châtellenie de Breteuil, le deuxième à cause de sa châtellenie Duval de Reul, et le troisième à cause de sa Vicomté du Pont-de-l'Arche, auxquelles foi-hommage il a été reçu, à la charge de fournir son dénombrement, dans le temps porté dans la coutume.

AVEU AU ROI.

1455.

Plus, nous avons vu et employons un aveu à nous produit en original, sur parchemin, rendu au Roi en la Chambre des Comptes de Paris, le 12 Août 1455, par noble homme Robert d'Angerville, Ecuyer, Sieur du fief noble de Grainville, situé en la paroisse de Douville, pour raison dudit fief mouvant de Sa Majesté, à cause de sa Vicomté de Falaise, lequel lui appartient, comme héritier de Robert d'Angerville, Ecuyer, son père, auquel aveu il a été reçu par arrêt de ladite Chambre y joint, en date du 21 desdits mois et an, lequel lui donne acte de la foi-hommage par lui faite pour raison dudit fief, le 2 juillet 1455, et mainlevée de toutes saisies qui en auraient pu être faites faute de devoirs non rendus.

Signé : BAYNARD.

PARTAGE NOBLE. — FILIATION.

1431.

Plus, nous avons vu et employons un acte à nous produit, en original, sur parchemin, étant un partage noble fait et passé, le 24 décembre 1431, devant Jehan Mauvoisin, clerc tabellion juré en la Vicomté d'Auge, au siége de Pont-l'Évêque, entre Richard, Colin, Gauthier et Robert d'Angerville, Écuyers, frères, enfants et héritiers de feu Robert d'Angerville, vivant Chevalier, leur père, des biens dépendant de la succession de leur dit père, par lequel appert que ledit Robert, comme aîné, a eu le fief de Gonneville avec la Vavassorerie des terres de Branville, ledit Colin a eu le fief de Beuseval, et ledit Gauthier a eu le fief Heuline, à la charge, par eux, de payer à la Dame leur mère une rente sa vie durante pour son douaire, ainsi qu'il est énoncé audit acte.

ROBERT D'ANGERVILLE,

10ᵐᵉ Aïeul paternel.

CONTRAT DE MARIAGE.

1396.

Nous, Commissaires, pour constater le mariage du 10ᵐᵉ aïeul paternel du présenté en avons vu et employons le contrat à nous produit, en grosse originale, sur parchemin, dont nous avons extrait ce qui suit :

Contrat de mariage de noble personne Robert d'Angerville, Écuyer, Seigneur de Grainville, d'une part, avec Demoiselle Marguerite de Tonneville, Chevalier, Seigneur dudit lieu, d'autre part, ledit contrat fait et passé, le 18 avril 1396, devant Jehan de la Bove, clerc tabellion en la Vicomté de Beaumont le Royer.

RECONNAISSANCE DE RENTE.

1419.

: Et, pour prouver la noblesse du présent degré, nous avons vu et employons un acte à nous produit, en original, sur parchemin, fait et passé, le 26 février 1419, devant M° Dubosc, tabellion en la Vicomté d'Auge, par lequel Pierre Dumont de Douville reconnaît et confesse devoir à noble homme Robert d'Angerville, Écuyer, une rente énoncée audit acte, pour deux pièces de terre que ledit d'Angerville lui avait données en fief, lesquelles étaient situées à Douville.

AUTRE RECONNAISSANCE DE RENTE.

1396.

Plus, nous avons vu et employons un autre acte à nous produit, en original, sur parchemin, fait et passé, le 23 février 1396, devant Jehan Dubosc, clerc tabellion en la Vicomté d'Auge, par lequel Richard Barberie, de la paroisse de Glanville, reconnaît tenir de noble homme Robert d'Angerville, Écuyer, Seigneur de Grainville, une place et masse de terre en fief, situé dans la Seigneurie de Grainville, pour laquelle il doit deux sols, un chapon et un denier de rente qu'il promet lui payer, aux termes énoncés audit acte.

Nous, Commissaires, avons remis la continuation de notre présent procès-verbal à l'après-midi de ce jour, trois heures de relevée.

QUARTIER D'ABOS.

DEMOISELLE

CHARLOTTE-MARGUERITE-FRANÇOISE D'ABOS,

1re Bisaïeule paternelle.

CONTRAT DE MARIAGE.

1.7.1.5.

Et ledit jour, nous, Commissaires, continuant la présente preuve littérale, avons revu en cet endroit le contrat de mariage de Messire Louis-Thomas d'Angerville, premier bisaïeul paternel du présenté, avec Demoiselle Charlotte-Marguerite-Françoise d'Abos, ci-devant énoncé en date du 9 mai 1715, dans lequel ladite Demoiselle est dite fille de Messire Charles d'Abos, Chevalier, Seigneur de St-Cloud, la Barberie et autres lieux, Gentilhomme et Lieutenant des Gardes de Son Altesse Mgr le Comte de Toulouse, Grand-Amiral de France, et de feue Dame Marguerite Bitaut, lesquels Sieur d'Abos et noble Demoiselle Bitaut sont par conséquent deuxièmes trisaïeuls paternels du présenté.

CONTRAT

DE MARIAGE EN SECONDES NOCES.

1722.

Nous, Commissaires, pour prouver d'autant mieux la filiation de ladite Dame, première bisaïeule paternelle du présenté, avons vu et employons son contrat de mariage en secondes noces à nous produit en grosse originale, sur papier timbré, dont nous avons extrait ce qui suit :

Contrat de mariage fait sous seing privé, le 20 novembre 1722, et reconnu le 21 décembre suivant, devant Jean-François-Pierre, Notaire en la Vicomté d'Auge, au siége de Boinville, entre Messire Michel-Joseph d'Esson, Chevalier, Seigneur et Patron de Douville, et de noble Dame Charlotte-Marguerite-Françoise d'Abos, Chevalier, Seigneur de St-Cloud, la Barberie et autres lieux, et veuve de Messire *Louis-Thomas d'Angerville,* vivant Chevalier, Seigneur de Grainville, Heulland et autres lieux (1ᵉʳ bisaïeul paternel du présenté).

CHEVALIER DE MALTE.

1767.

Et, pour prouver que le présent quartier a eu l'avantage d'être prouvé dans notre Ordre, nous avons vu et employons l'extrait dûment en forme, à nous produit, du procès-verbal des preuves de noble François-Charles-Gabriel d'Esson de Douville, reçu Page de Son Altesse Eminentissime, duquel appert que ledit noble d'Esson de Douville avait pour aïeule paternelle la même Demoiselle Catherine - Françoise - Charlotte d'Abos (première bisaïeule paternelle du présenté au moyen de son premier mariage avec Louis-Thomas d'Angerville), laquelle est dite fille de Messire Charles d'Abos, Chevalier, Seigneur de St-Cloud, la Barberie et autres lieux qui, par contrat passé devant Pierre Doublet, notaire à Angers, épousa, le 17 janvier 1695, Demoiselle Marguerite Bitaut, lequel Charles est dit fils d'André d'Abos, Chevalier, Seigneur de Grand-Camp et de St-Cloud, qui, par contrat du 27 février 1623, passé devant Claude Manorey et Pierre Lesveillez, tabellions à Chambroy, Vicomté d'Auge, épousa Marguerite de Bonnebosc, lequel André est dit fils de Robert d'Abos, Écuyer, Sieur de Beauval, et de Demoiselle Marguerite de Monnai, lesquels Robert d'Abos et Marguerite de Monnai sont troisièmes quartaïeul et quartaïeule dudit noble d'Esson, et par conséquent deuxièmes quintaïeul et quintaïeule paternels dudit noble d'Angerville présenté dont il s'agit ici, ledit procès-verbal dûment signé et scellé.

QUARTIER DE HÜE.

DEMOISELLE

MARIE-JEANNE-MADELEINE-FRANÇOISE

HÜE DE MUTRECY ET DE SAINTE-HONORINE,

Aïeule paternelle.

CONTRAT DE MARIAGE.

1739.

Nous, Commissaires, avons revu en cet endroit les contrat et acte de célébration de mariage de Messire Louis-Jacques-François d'Angerville, aïeul paternel du présenté, avec Demoiselle Marie-Jeanne-Madeleine-Françoise Hüe, ci-devant extraits, en date des 19 janvier et 3 février 1739, dans lesquels actes ladite Demoiselle est dite fille de Messire Pierre-Louis-Augustin Hüe, Seigneur et Patron de Mutrecy, et de défunte noble Dame Marie-Françoise de Cornière, lesquels Sieur et Dame sont deuxièmes bisaïeul et bis-aïeule paternels du présenté.

BAPTISTAIRE 1718.

Et, pour d'autant mieux prouver la filiation et naissance en légitime mariage de ladite Demoiselle, aïeule paternelle du présenté, nous avons vu et employons son baptistaire à nous produit, par extrait sur papier timbré, dûment collationné et signé, tiré des registres de la paroisse de St-Pierre de Caen, duquel appert que le 28 octobre 1718 naquit et le 30 desdits mois et an fut baptisée Marie-Jeanne-Madeleine-Françoise, fille de Pierre-Louis-Augustin Hüe, Chevalier, Seigneur et Patron de Mutrecy, et de Marie-Françoise de Cornière, son épouse.

8

PIERRE-LOUIS-AUGUSTIN HÜE,

2ᵐᵉ Bisaïeul paternel.

CONTRAT DE MARIAGE.

1710 et 1712.

Pour constater le mariage dudit Sieur, deuxième bisaïeul paternel, nous avons vu et employons le contrat à nous produit, en
grosse originale, sur parchemin timbré, dont nous avons extrait ce
qui suit :

Contrat de mariage fait sous seing privé, le 18 mars 1710, et
reconnu le 29 septembre 1712, devant Pierre Fontaine, notaire
royal, en la Vicomté de St-Silvain, pour le siége de Mutrecy,
entre Pierre-Louis-Angustin Hüe, Écuyer, Seigneur de Mutrecy, fils
de Jean-François Hüe, Écuyer, Seigneur dudit lieu, et de Dame
Anne de la Fosse, ses père et mère, d'une part, et noble Demoiselle
Marie-Françoise de Cornière, fille de Robert de Cornière et de noble Demoiselle Marie-Anne Morin, ses père et mère, d'autre part.

CÉLÉBRATION DE MARIAGE.

1710.

Plus, nous avons vu et employons l'acte de célébration dudit
mariage à nous produit, par extrait, sur papier timbré, dûment
collationné et signé, duquel appert que, le 8 mai 1710, furent
mariés lesdits Sieur Pierre-Louis-Augustin Hüe et noble Demoiselle Marie-Françoise de Cornière, deuxièmes bisaïeuls maternels
du présenté.

HOMMAGE AU ROI.

1707.

Et, pour prouver la noblesse du présent degré, nous avons vu
et employons une foi-hommage à nous produite, en original, sur

parchemin timbré, rendue au Roi en la Chambre des comptes de Rouen, le 2 avril 1707, par son cher et bien-aimé Pierre-Louis-Augustin Hüe, Écuyer, Seigneur et Patron de Mutrecy, pour raison dudit fief, terre et Seigneurie de Mutrecy, relevant de Sa Majesté par un demi-fief de haubert, à cause de sa Vicomté de St-Silvain, ladite terre lui appartenant à droit successif de feu Jean-François Hüe, Écuyer, son père, à laquelle foi-hommage il a été reçu, à la charge de fournir son dénombrement, dans le temps porté par la coutume. Signé : LE BAULNE.

AVEU AU ROI

1707.

Plus, nous avons vu et employons un aveu à nous produit, en original, sur parchemin, rendu au Roi en sa Chambre des Comptes de Normandie, le 16 Novembre 1707, par Pierre-Louis-Augustin Hüe, Chevalier, Seigneur et Patron de Mutrecy, pour raison dudit fief de Mutrecy, a lui dévolu, par le trépas de son père et consistant en moyenne et basse-justice, cour, usage, juridiction, gages, pleiges, service de prévôté, droit de colombier, moulin à Bau et four avec d'autres droits seigneuriaux, ledit aveu reçu par ladite Chambre, par son arrêt du même jour. Signé : LANGLOIS, et scellé.

JEAN-FRANÇOIS HÜE,

3ᵐᵉ Trisaïeul paternel.

CONTRAT DE MARIAGE.

1658.

Nous, Commissaires, pour prouver la filiation centenaire de ce quartier, ainsi que le mariage dudit troisième trisaïeul paternel, nous en avons vu et employons le contrat, à nous produit, en original, sur papier non timbré, dont nous avons extrait ce qui suit :

Contrat de mariage fait sous seing privé, au mois de février 1658 et dûment signé des parties, entre Jean-François Hüe, Écuyer, Seigneur de Mutrecy, fils de Messire Jean-Baptiste Hüe, Écuyer, Sieur de St-Jean, Conseiller Secrétaire de l'Hôtel de Ville de Caen, et de Demoiselle Anne Durand, ses père et mère, d'une part, et honneste fille Anne de la Fosse, fille de feu Messire Pierre de la Fosse, vivant à Caen, et de Demoiselle Madeleine le Petit, ses père et mère, d'autre part.

AVEU AU ROI.

1664.

Et, pour constater la noblesse du présent degré, nous avons vu et employons la grosse originale, sur parchemin, d'un arrêt de la Chambre des Comptes de Rouen, en date du 24 novembre 1664, signé : MAILLARD, lequel reçoit l'aveu et dénombrement rendu au Roi en la même Chambre, le 24 juillet précédent, par Jean-François Hüe, Écuyer, Sieur de Mutrecy et de Ste-Honorine, Conseiller du Roi au bailliage et siége présidial de Caen, pour raison de son fief noble de Mutrecy, qui est un demi-fief de haubert, avec moyenne et basse-justice, cour, usage, juridiction, gage, pleiges, service de prévôté, droit de corvée, colombier, four et moulin à Bau, avec d'autres droits seigneuriaux, le tout relevant de Sa Majesté, à cause de sa Vicomté de St-Silvain et appartenant audit avouant, comme fils et héritier de Jean-Baptiste Hüe, Écuyer, Sieur de St-Jean, son père.

CONFIRMATION DE NOBLESSE.

1676.

Et, pour établir la noblesse centenaire du présent quartier, nous avons vu et employons des lettres-patentes, à nous produites en original, sur parchemin, données à St-Germain-en-Laye, au

mois de décembre 1676, signées : Louis, sur le repli par le Roi,
PHILIPPEAUX, et scellées du grand sceau sur cire verte, sur double queue de soie rouge et verte, par lesquelles Sa Majesté confirme
en faveur de Jean-François, Jacques-Nicolas, Charles et Claude-
François Hüe, les lettres de noblesse accordées à Jean-Baptiste
Hüe, leur père, au mois d'Octobre 1652, pour, par eux, jouir de
la qualité de nobles et d'Écuyers, tant qu'ils vivront noblement,
ainsi que leurs enfants, nés et à naître, en loyal mariage, et ce
nonobstant tous édits et déclarations à ce contraires, lesdites lettres registrées en la Cour des Aides et Chambre des Comptes de
Normandie par arrêts des 25 février et 6 mars 1677, annexés
auxdites lettres-patentes et produites aussi en original, sur parchemin.

JEAN-BAPTISTE HÜE,

3ᵐᵉ Quartaïeul paternel.

LETTRES D'ANOBLISSEMENT.

1652.

Enfin, nous avons vu et employons des lettres-patentes, à nous
produites, en original, sur parchemin, données à Paris au mois
d'octobre 1652 (ci-dessus énoncées), signées : Louis, sur le repli
par le Roi, PHILIPPEAUX, scellées du grand sceau de cire verte,
sur lacs de soie rouge et verte, par lesquelles Sa Majesté, pour les
causes y énoncées, a anobli et décoré du titre d'Écuyer son cher
et bien-aimé Messire Jean Hüe, Conseiller et Receveur des Pré-
sidiaux de Cottentin pour, par lui, ses enfants, nés et à naître, en
loyal mariage, et leur successeur, jouir de ladite qualité d'É-
cuyer et de noble et des honneurs et prérogatives dont jouissent
les autres Gentilshommes du royaume, tant qu'ils vivront noblement et ne feront acte de dérogeance, sur le repli desdites lettres
est la mention de leur enregistrement en la Cour des Aides de
Normandie, par arrêt du 29 janvier 1654.

QUARTIER DE CORNIÈRE.

DEMOISELLE

MARIE-FRANÇOISE DE CORNIÈRE,

2ᵐᵉ *Bisaïeule paternelle.*

CONTRAT DE MARIAGE.

1710.

Nous, Commissaires, avons reçu en cet endroit les contrat et acte de célébration de mariage de Messire Pierre-Louis-Augustin Hüe, deuxième bisaïeul paternel, avec noble Demoiselle Marie-Françoise de Cornière, ci-devant énoncés, en dates des 18 mars et 8 mai 1710, dans lesquels actes ladite Demoiselle Cornière est dite fille de Messire Robert de Cornière, vivant à Caen, et de noble Demoiselle Marie-Anne Morin, lesquels Sieur de Cornière et Demoiselle Morin sont les quatrièmes trisaïeuls paternels du présenté.

Les recherches les plus minutieuses ne nous ayant point permis de récupérer les preuves de noblesse de la famille Cornière, aujourd'hui éteinte, nous faisons suivre, en cet endroit, copie de la requête adressée au nom du présenté à Son Altesse Éminentissime Monseigneur le Grand-Maître, frère Emmanuel de Rohan.

Monseigneur,

Noble Augustin d'Angerville, né et baptisé le 24 août 1778, sur la paroisse de Douville, diocèse de Lisieux, reçu de minorité au rang des Chevaliers de Justice de votre Ordre, en la vénérable langue et Grand-Prieuré de France, par bref de notre saint père le Pape Pie VI, donné à Rome, le 28 juillet 1783, registré en

la Chancellerie de Malte, le 26 août suivant, fils de noble Thomas-Robert-Nicolas d'Angerville et Dame Augustine-Marie-Anne-
Lucie d'Auray de St-Poix, Comte et Comtesse d'Angerville, a
l'honneur de recourir avec une confiance respectueuse à la bien-
veillance de votre Altesse Éminentissime, relativement à un seul
quartier de ses preuves. Le peu d'importance de la grâce qu'il sol-
licite et la manière avantageuse dont elle est rachetée par les preuves distinguées qu'il fera sur ses autres familles, lui laissent espérer de voir accueillir favorablement sa demande.

La famille d'Angerville d'Auvrecher, qui forme la ligne directe
paternelle, tient le premier rang parmi les plus distinguées de la
province de Normandie, dont elle est originaire. Constamment
illustré, l'antique éclat de sa noblesse n'est point obscurci par la
nuit des siècles, et elle était ce qu'elle est encore aujourd'hui à
l'époque éloignée où l'on est forcé d'en borner la preuve par
titres. Le présenté remontera donc cette ligne jusqu'au degré de
Robert d'Angerville d'Auvrecher, son onzième aïeul, Chevalier,
Seigneur du fief de Grainville, relevant du Roi (ses descendants
jusqu'au père du présenté sont encore aujourd'hui en possession
de ce fief et chaque degré en offre la preuve par les foi-hommage
et aveux qu'ils en ont rendus successivement à Sa Majesté). La
distinction des auteurs dudit Robert d'Angerville est également
prouvée par les chartres anciennes des souverains, tant avant qu'a-
près la réunion de la Normandie à la couronne, monuments précieux que le ravage des temps a respectés et qui sont encore entre
les mains de cette famille. Outre le précieux témoignage de ces
titres respectables, tous les historiens anciens et modernes s'accor-
dent sur son antiquité. Le nom d'Angerville d'Auvrecher se retrouve
à chaque instant dans les fastes de la province. On voit un Jean
d'Angerville dans la liste de ces grands personnages, dressée sous
le règne de Charles VI. Dans les deux montres de Seigneurs admonestés par le Roi saint Louis, pour le suivre à la Terre-Sainte, en
1236 et 1242, on compte un Louis et un Thomas d'Angerville.
Enfin les Sires d'Angerville d'Auvrecher sont compris dans l'état

des Gentilshommes qui accompagnèrent, en 1096, le Duc Robert
à la conquête de la Palestine. On ajoutera à cette foule de témoi-
gnages illustres de l'antique splendeur de la maison d'Angerville,
la possession héréditaire, où elle a été pendant plusieurs siècles, de
la charge éminente de *Maréchal de Normandie*, dignité dans
laquelle la maison d'Harcourt lui a succédé jusqu'à présent,
l'ayant acquise d'elle en 1386, avec la terre d'Auvrecher, à laquelle elle était affectée.

La ligne directe maternelle est du nom d'Auray de St-Poix,
famille ancienne de Bretagne, dont la noblesse est particulièrement connue dans votre Ordre, Monseigneur, par les preuves de
noble Louis-Charles-Honoré d'Auray de St-Poix, aujourd'hui
Commandeur d'Artheims, au Grand-Prieuré d'Aquitaine, lequel
est frère du père de Demoiselle Augustine-Marie-Anne-Lucie d'Auray, mère du présenté.

Le quartier de Demoiselle Anne-Bonne-Eugénie de Baugy,
première bisaïeule maternelle, est d'une noblesse également connue dans l'Ordre par les preuves de mon dit Sieur Chevalier d'Auray de St-Poix.

L'aïeule maternelle est du nom de Goddes de Varennes, famille
illustre et distinguée depuis longtemps dans la noblesse militaire
du royaume, et qui a donné des Gouverneurs de places, des Lieutenants-Généraux des Armées du Roi et des Ambassadeurs, inves-
tis de toute la confiance du Souverain.

La deuxième bisaïeule maternelle est du nom de Vassan, famille
ancienne de Paris et connue depuis longtemps dans votre Ordre,
Monseigneur, principalement par les preuves de noble René de
Capendu de Bourlonné, reçu au Prieuré de France, 1669, lequel
avait pour mère Demoiselle Madeleine de Vassan, avec laquelle le
présenté établira son identité.

La première bisaïeule paternelle est du nom d'Abos, famille
distinguée de Normandie, qui a eu aussi l'avantage d'être fréquem-

ment prouvée dans votre Ordre, Monseigneur, et même récem-
ment par noble François-Charles-Gabriel d'Esson de Douville,
reçu, en 1767, Page de Mgr le Grand-Maître Emmanuel Pinto,
ledit noble d'Esson ayant pour aïeule paternelle Demoiselle Charlotte-Marguerite-Françoise d'Abos, femme en premières noces de
Messire Thomas d'Angerville (1er bisaïeul du présenté), et en deuxièmes noces de Messire Michel d'Esson, aïeul paternel dudit Chevalier d'Esson de Douville.

L'aïeule dudit côté paternel, Demoiselle Marie-Jeanne-Madeleine-Françoise Hüe, est issue d'une famille distinguée du diocèse
de Bayeux, dont la noblesse et la filiation seront prouvées de la
manière la plus satisfaisante.

Enfin, la deuxième bisaïeule paternelle est du nom de Cornière,
famille honorable de la ville de Caen, dont le présenté prouvera
la filiation centenaire, mais dont les titres de noblesse sont à
jamais perdus, car les recherches les plus minutieuses n'ont pu les
faire découvrir.

Des huit familles qui composent les preuves du présenté, il s'en
trouve donc sept qui, toutes, principalement la ligne directe paternelle, offrent une noblesse remontée à l'antiquité la plus reculée, et
dont quatre réunissent à cet avantage celui d'avoir été prouvée
dans votre Ordre, Monseigneur. Le seul quartier de Cornière présente l'insuffisance légère pour laquelle le présenté réclame l'indul-
gence de votre Altesse Éminentissime.

Sur cet exposé, Monseigneur, le présenté ose espérer que votre
Altesse Éminentissime voudra bien lui accorder l'enregistrement
d'un bref qui le dispense de prouver la noblesse de Demoiselle
Marie-Françoise Cornière, sa deuxième bisaïeule paternelle et
ascendante.

9

BREF DE DISPENSE.

1785.

Ensuite, nous, Commissaires, avons vu et employons, en cet endroit, un bref à nous produit, en original, sur papier, de notre saint père le Pape Pie VI, donné à Rome à St-Pierre, sous l'anneau du pêcheur, le 13 juin 1785, en vertu duquel son Éminence Mgr le Grand-Maître, frère Emmanuel de Rohan, dispense noble Augustin d'Angerville, reçu de minorité au rang des Chevaliers de Justice de la vénérable langue et Grand-Prieuré de France, de prouver la noblesse de Demoiselle Marie-Françoise Cornière, sa deuxième bisaïeule paternelle, et de ses ascendants paternels et maternels ; ledit bref registré en la Chancellerie de Malte, le 10 juillet 1785, scellé de l'effigie de son Éminence sur cire noire et signé : Sieur *Bajulivus Ludovicus* d'*Almeyda, Portugal vice-cancellarius.*

COTÉ MATERNEL.

LIGNE DIRECTE D'AURAY DE SAINT-POIX.

———

DEMOISELLE

AUGUSTINE-MARIE-ANNE-LUCIE D'AURAY, mère.

CONTRAT DE MARIAGE.

1767.

Nous, Commissaires, continuant la présente preuve littérale du côté maternel, nous avons revu en cet endroit les contrat et acte de célébration de mariage de Messire Thomas-Robert-Nicolas d'Angerville, père du présenté, avec Demoiselle Augustine-Marie-Anne-Lucie d'Auray, ci-devant énoncés, en date des 21 novembre et 1er Décembre 1767, desquels actes appert que ladite Demoiselle est fille de Messire Marie-Eugène-Beuve d'Auray, Chevalier, Marquis de St-Poix, et de Dame Lucie de Goddes de Varennes, lesquels Sieur et Dame sont aïeul et aïeule maternels du présenté.

BAPTISTAIRE 1740.

Et, pour prouver la naissance de ladite Dame, mère du présenté en légitime mariage, nous avons vu et employons son baptistaire à nous produit, par extrait, dûment en forme et sur papier timbré, tiré des registres des baptêmes de la paroisse de Fougerolles, diocèse du Mans, généralité de Tours, et dûment légalisé, duquel appert que, le 17 juillet 1751, fut baptisée Demoiselle Augustine-Marie-Anne-Lucie, née, la veille, de haut et puissant Seigneur

9*

Messire Marie-Eugène-Beuve d'Auray, Chevalier, Baron de St-Poix, et de haute et puissante Dame Lucie de Goddes de Varennes, son épouse.

MESSIRE MARIE-EUGÈNE-BEUVE D'AURAY,

Aïeul maternel.

BAPTISTAIRE 1729.

Nous, Commissaires, pour prouver également la naissance légitime de l'aïeul maternel du présenté, nous avons vu et employons son baptistaire à nous produit, par extrait dûment en forme, tiré des registres de la même paroisse de Fougerolles et légalisé, duquel appert que, le   naquit et fut baptisé Marie-Eugène, fils de Messire Beuve d'Auray, Seigneur de St-Poix et autres lieux, et de Dame Anne-Bonne-Eugénie de Baugy, son épouse, ses père et mère.

CONTRAT DE MARIAGE.

1750.

Et, pour constater le mariage dudit aïeul maternel, nous en avons vu et employons le contrat, à nous produit, en grosse originale, sur parchemin timbré, dont nous avons extrait ce qui suit :

Contrat de mariage fait et passé, le 8 septembre 1750, devant Jacques Bougler le jeune, notaire royal à Angers, entre Messire Marie-Eugène-Beuve d'Auray de St-Poix, fils de haut et puissant Seigneur Messire Beuve d'Auray, Chevalier, Seigneur de St-Poix, Montjevis, Mesnilguilbert, Goué-Fougerolles, la Prévostière et autres lieux, et de Dame Anne-Bonne-Eugénie de Baugy, son épouse, ses père et mère, d'une part, et Demoiselle Lucie de Goddes de Varennes, fille de haut et puissant Seigneur Messire

François-Auguste de Goddes, Marquis de Varennes, Commandeur de l'Ordre Royal et Militaire de St-Louis, Lieutenant-Général des Armées du Roi, Gouverneur pour Sa Majesté du château d'If, Baron de Saultré et Seigneur des châtellenies de la Marotière, de Sceau, de la Roche-Joullain de Noyaut et autres lieux, et de défunte haute et puissante Dame Élisabeth-Geneviève de Vassan, ses père et mère, d'autre part.

CHEVALIER DE MALTE.

1741.

Et, pour établir l'identité du présenté, quant à la ligne directe maternelle, avec noble frère Louis-Honoré-Charles d'Auray de St-Poix, son grand-oncle, dudit côté maternel, aujourd'hui Chevalier profès de notre Ordre et Commandeur d'Artheims, nous avons vu et employons un extrait à nous produit en bonne forme (signé : le Commandeur LE NORMAND et scellé du sceau du Grand-Prieuré d'Aquitaine) du procès-verbal, fait en l'année 1741, des preuves de noblesse, filiation et légitimité dudit Sieur Chevalier d'Auray de St-Poix, duquel appert qu'il est frère de Messire Marie-Eugène-Beuve d'Auray de St-Poix, aïeul maternel du présenté, et fils comme lui de Messire Beuve d'Auray de St-Poix, qui épousa, par contrat passé le 8 mars 1719, devant Pierre Hébert et Michel Couppel, notaires royaux au Pays et Comté du Maine, Demoiselle Anne-Bonne-Eugénie Baugy ; que ledit Beuve est fils de Messire Charles d'Auray, qui épousa, par contrat passé le 26 juillet 1685, devant Hilaire le Bryot, tabellion royal au Comté de Mortain, Demoiselle Marie-Gabrielle Bazin ; que ledit Charles est frère de noble Georges d'Auray, reçu également Chevalier de Justice de notre Ordre, en 1680, et, comme lui, fils de Messire Pierre d'Auray et de Demoiselle Louise le Breton, son épouse, Sieur et Dame, père et mère dudit Chevalier Georges d'Auray, lesquels sont premiers bisaïeul et bisaïeule paternels de M. le Chevalier de

St-Poix, Commandeur d'Artheims, et, par conséquent, premier quartaïeul et quartaïeule maternels du présenté.

ADMISSION SUR PREUVES.

1785.

Nous avons revu à cette occasion le décret de la vénérable langue, ci-devant employé, et qui reçoit le mémorial du présenté pour bon et valable, par lequel ladite vénérable langue accorde au présenté la grâce de passer pour sa ligne directe maternelle sur les preuves de M. le Chevalier Louis-Charles-Honoré d'Auray de St-Poix, son oncle maternel, pourvu que ce soit confirmé par son Éminence et Sacré Conseil complet, obligation que le présenté ne nous a pas paru avoir, mais dont nous croyons devoir nous borner à lui renouveler l'injonction, pourvu qu'il y satisfasse lors de la présentation de ses preuves en langue.

QUARTIER DE BAUGY.

DEMOISELLE

ANNE-BONNE-EUGÉNIE DE BAUGY,

1re Bisaïeule maternelle.

CHEVALIER DE MALTE.

1741.

Nous, Commissaires, pour établir la noblesse et filiation de ce quartier et de Demoiselle Anne-Bonne-Eugénie de Baugy, première bisaïeule maternelle du présenté, avons revu l'extrait ci-

dessus énoncé des preuves de noble Louis-Honoré-Charles d'Auray
de St-Poix, Commandeur d'Artheims, par lequel nous avons
reconnu que ledit Sieur Chevalier de St-Poix avait pour mère ladite Demoiselle Anne-Bonne-Eugénie de Baugy, Chevalier, Seigneur du Fay et autres lieux, qui épousa, par contrat passé devant
Chennet et son confrère, notaires au Châtelet de Paris, le 7
mars 1695, Demoiselle Anne-Bonne du Fourny ; ledit Eugène fils
de Messire Guillaume de Baugy, Écuyer, Seigneur du Fay et
autres lieux, qui épousa, par contrat passé le 14 février 1651,
devant Desnots, notaire et tabellion en la Chancellerie de Ville-
Choisson, Demoiselle Gabrielle de Goué, ledit Guillaume, fils
de Messire Nicolas de Baugy, Écuyer, Seigneur, Maître-d'Hôtel du
Roi, résidant pour Sa Majesté près l'Empereur, qui épousa, par
contrat passé, le 26 novembre 1614, devant Jean Contolte, notaire
au Châtelet de Paris, Demoiselle Anne Parfait, lesquels Sieur et
Dame sont premiers trisaïeuls maternels de mon dit Sieur le Chevalier d'Auray de St-Poix, et, par conséquent, deuxièmes quintaïeuls
aussi maternels du présenté.

Nous avons, de plus, remarqué que, dans lesdites preuves de
Messire le Chevalier d'Auray de St-Poix, il avait été fait emploi
pour la ligne de Baugy, de celles de noble Antoine de Buffevent de
Perrecy, reçu de minorité, en l'année 1705, au rang des Chevaliers
de Justice de notre Ordre au Grand-Prieuré de France, lequel
noble de Buffevent avait pour aïeule maternelle Demoiselle Gene-
viève-Françoise de Baugy, sœur de Guillaume de Baugy, et fille
de Nicolas de Baugy et de Demoiselle Anne Parfait, derniers
nommés dans l'extrait ci-dessus ; d'où il résulte que le présent
quartier a été déjà prouvé deux fois dans notre Ordre.

QUARTIER DE GODDES DE VARENNES.

LUCIE DE GODDES DE VARENNES,

Aïeule maternelle.

CONTRAT DE MARIAGE.

1750.

Nous, Commissaires susdits, avons revu en cet endroit le contrat de mariage de Messire Eugène-Beuve d'Auray, aïeul maternel du présenté, avec Demoiselle Lucie de Goddes de Varennes, ci-devant énoncé en date du 8 septembre 1750, dans lequel acte ladite Demoiselle est dite fille de haut et puissant Seigneur Messire François-Auguste de Goddes de Varennes, Marquis de Varennes, et de haute et puissante Dame Élisabeth-Geneviève de Vassan, lesquels Sieur et Dame sont, par conséquent, deuxièmes bisaïeul et bisaïeule maternels du présenté.

BAPTISTAIRE 1732.

Et, pour prouver la filiation et naissance légitime de ladite Demoiselle, aïeule maternelle, nous avons vu et employons son baptistaire à nous produit, par extrait dûment en forme et légalisé, tiré des registres des baptêmes de la paroisse de St-Roch, à Paris, duquel appert que, le 29 octobre 1732, naquit, et le 31 des mêmes mois et an fut baptisée Lucie, fille de haut et puissant Seigneur Messire François-Auguste de Goddes, Marquis de Varennes, Capitaine de Grenadiers au régiment des Gardes-Françaises,

Brigadier des Armées du Roi, Chevalier de l'Ordre royal et militaire de St-Louis, et de haute et puissante Dame Élisabeth-Geneviève de Vassan, son épouse, ledit extrait collationné, délivré et signé par le Sieur CHANTEPIE, Vicaire de ladite paroisse.

FRANÇOIS-AUGUSTE DE GODDES DE VARENNES,

2ᵐᵉ Bisaïeul maternel.

CONTRAT DE MARIAGE.

1713.

Nous, Commissaires, pour prouver le mariage du deuxième bisaïeul maternel du présenté, en avons vu et employons le contrat à nous produit, en grosse originale, sur parchemin timbré, dont nous avons extrait ce qui suit :

Contrat de mariage fait et passé, les 27 avril et 3 mai 1713, devant Romigny et son confrère, notaires au Châtelet de Paris, entre haut et puissant Seigneur Messire François-Auguste de Goddes, Marquis de Varennes, Capitaine au régiment des Gardes-Françaises, fils de haut et puissant Seigneur Messire François de Goddes de Varennes, Gouverneur de Landrecies, et de Demoiselle Lucie le Clerc de Sautray, son épouse, ses père et mère, d'une part, et Demoiselle Élisabeth-Geneviève de Vassan, fille de Messire Claude, Marquis de Vassan, Chevalier, Seigneur de Morsan, Lieutenant-Général de la Grande-Fauconnerie de France, et de Dame Geneviève-Célinie de Marsollier, son épouse, d'autre part.

PARTAGE NOBLE.

1705.

Et, pour établir la noblesse du présent degré, nous avons vu et employons un acte à nous produit, en original, sur papier tim-

bré, contenant des partages nobles·faits sous seing privé, à Angers,
le 23 septembre 1705, des biens provenant de la succession de feu
Messire François de Goddes de Varennes, vivant Chevalier, Seigneur, Marquis de Varennes et de la Perrière, Gouverneur pour le
Roi de la ville et du château de Landrecies, entre Messire François-
Auguste de Goddes de Varennes, Chevalier, Seigneur de la Perrière, Officier dans le Régiment des Gardes-Françaises, et son fils
aîné et principal héritier noble, d'une part; Armand-Victor Bou-
thillier, Chevalier, Seigneur Comte de Chavigny et autres lieux, à
cause de Dame Lucie de Goddes de Varennes, son épouse, fille et
héritière dudit Seigneur, d'autre part, et Dame Lucie le Clerc de
Sautray, veuve dudit Seigneur de Varennes, au nom et comme
tutrice naturelle de Demoiselle Louise-Charlotte-Pélagie de Goddes
de Varennes, aussi fille et héritière dudit feu Sieur de Varennes,
encore d'autre part; par lequel acte appert que le Sieur François-
Auguste de Goddes a eu, en qualité de principal héritier noble et
pour son préciput, les fiefs, terres et Seigneuries de la Perrière,
Aurellé, Froide-Fontaine et de la Maroustière, et les Dame et
Demoiselle de Goddes, ses sœurs, ont eu pour leur part, dans ladite succession, les terres et Seigneuries de la Maison-Neuve, avec
une maison située à Angers, et des rentes énoncées audit acte.

FOI-HOMMAGE AU ROI.

1742.

Plus, nous avons vu et employons un acte de foi-hommage à
nous produit, en original, sur parchemin, rendu au Roi en sa
Chambre des Comptes de Paris par François-Auguste de Goddes
de Varennes, Seigneur de Sautray, Maréchal des Camps et
Armées du Roi, Lieutenant-Colonel du Régiment des Gardes-
Françaises, pour raison de la Terre et Seigneurie et Châtellenie de
Sautray, mouvante et relevante de Sa Majesté, à cause de son château d'Angers, laquelle terre lui appartient comme héritier principal de noble de Cresante le Clerc, son oncle, auxquelles foi-hom-

mage il a été reçu par ladite Chambre qui lui a donné mainlevée de la saisie de son dit fief, au cas qu'elle ait eu lieu, à la charge de produire son dénombrement, dans le temps porté par la coutume, dont lui a été donné le présent acte signé : GOHIER DE VALCOURT.

LIEUTENANT-COLONEL

DES GARDES-FRANÇAISES.

1741.

Plus, nous avons vu et employons des lettres-patentes, à nous produites, en original, sur parchemin, données à Versailles, le 31 mai 1741, signées : LOUIS, plus bas, par le Roi, DE BRÉTEUIL ; par lesquelles appert que Sa Majesté, pour les causes y énoncées, a donné et octroyé à son cher et bien-aimé le Sieur de Varennes, Maréchal des Camps et de ses Armées, Capitaine de Grenadiers dans le Régiment des Gardes-Françaises, la charge de Lieutenant-Colonel dudit Régiment des Gardes-Françaises, vacante par la retraite du Sieur de Terlaye, pour jouir de ladite charge aux honneurs et prérogatives qui y sont attachées.

LIEUTENANT-GÉNÉRAL

DES ARMÉES DU ROI.

1743.

Plus, nous avons vu et employons d'autres lettres-patentes, à nous produites, en original, sur parchemin, données à Versailles, le 20 février 1743, signées : LOUIS, sur le repli par le Roi, LE VOYER D'ARGENSON, par lesquelles Sa Majesté, pour les causes y énoncées, a ordonné, constitué et établi son cher et bien-aimé le Sieur de Varennes, l'un de ses Maréchaux de Camp, en la charge de l'un des Lieutenants-Généraux de ses Armées pour, en ladite qualité, commander ses troupes et jouir des honneurs et prérogatives attachées à ladite charge.

FRANÇOIS DE GODDES DE VARENNES,

3ᵐᵉ Trisaïeul maternel.

CONTRAT DE MARIAGE.

1680.

Nous, Commissaires, pour prouver le mariage du troisième trisaïeul maternel du présenté, en avons vu et employons le contrat à nous produit, en grosse originale, sur parchemin timbré, dont nous avons extrait ce qui suit :

Contrat de mariage fait et passé, le 18 août 1680, devant Noël Drouin, notaire royal à Angers, entre Messire François de Goddes, Chevalier, Seigneur de Varennes, Aide-Major au Régiment des Gardes-Françaises de Sa Majesté, fils aîné de défunt Messire François de Goddes de Varennes, Gentilhomme ordinaire de la Maison du Roi, et de Dame Marie Bonneau, son épouse, ses père et mère, d'une part, et Demoiselle Lucie le Clerc, fille de Messire René le Clerc, Chevalier, Seigneur, Baron de Sautray, et de Dame Madeleine de Cournels, son épouse, ses père et mère, d'autre part.

CAPITAINE

AU RÉGIMENT DES GARDES-FRANÇAISES.

1681.

Et, pour constater la noblesse et les services militaires dudit troisième trisaïeul paternel, nous avons vu et employons des lettres-patentes, à nous produites, en original, sur parchemin, données à St-Germain-en-Laye, le 15 février 1681, signées : Louis, plus bas, par le Roi, le Tellier, par lesquelles Sa Majesté, pour les causes y énoncées, a donné et octroyé à son cher et bien-aimé le Sieur de Varennes, Aide-Major de son régiment des Gardes-

Françaises, la Compagnie du Sieur *d'Artagnan,* vacante par sa promotion au Grade de Sergent-Major dudit régiment, pour conduire et commander ladite Compagnie suivant qu'il lui sera commandé, et jouir des honneurs et prérogatives attachées audit emploi.

GOUVERNEUR DE LANDRECIES.

1691.

Plus, nous avons vu et employons d'autres lettres-patentes aussi à nous produites, en original, sur parchemin, données au camp devant Mons, le 23 mars 1691, signées : Louis, sur le repli par le Roi, LE TELLIER, et scellées, par lesquelles Sa Majesté, pour les causes y énoncées, a donné et octroyé à son cher et bien-aimé le Sieur Goddes de Varennes, Capitaine de son régiment des Gardes-Françaises, la charge de Gouverneur de Landrecies, vacante par la démission qu'en a faite en ses mains le Sieur Marquis de Lignières pour, par lui, jouir de ladite charge aux honneurs et prérogatives y attachées.

FRANÇOIS DE GODDES DE VARENNES,

3ᵐᵉ Quartaïeul maternel.

CONTRAT DE MARIAGE.

1642.

Nous, Commissaires, pour constater le mariage du troisième quartaïeul maternel du présenté, en avons vu et employons le contrat à nous produit, en grosse originale, sur parchemin, dont nous avons extrait ce qui suit :

Contrat de mariage fait et passé, le 26 avril 1642, devant Mathieu Champize, notaire royal à Saumur, entre Messire François Goddes, Sieur de Varennes et de la Perrière, Maître d'Hôtel de Sa Majesté, fils de défunt Charles de Varennes, Écuyer, Sieur de la Perrière, et de Demoiselle Vincente le Fevre, ses père et mère, d'une part, et Demoiselle Marie Bonneau, fille de défunt Jean Bonneau, vivant Écuyer, Sieur de la Maison-Neuve, Conseiller du Roi, Sénéchal à Saumur, et de Demoiselle René Colin, ses père et mère, d'autre part.

ENVOYÉ EXTRAORDINAIRE

A LA PORTE OTTOMANE.

1646.

Et, pour prouver la noblesse et distinction éminentes dudit quatrième trisaïeul maternel, nous avons vu et employons une lettre du Roi, à nous produite, en original, sur parchemin, écrite de Paris, le dernier février 1646, au Sultan *Ibrahim,* Empereur des Musulmans, par laquelle Sa Majesté lui mande qu'elle lui envoie le Sieur de Varennes, son Conseiller en son Conseil d'État, Gentilhomme capable et très-souvent employé par son très-honoré père, en plusieurs importantes négociations, pour, en son nom, chercher quelques voies d'accommodement entre sa Hautesse et la République de Venise, avec laquelle elle était en guerre, ladite lettre signée : *votre très-cher et parfait ami,* Louis, plus bas, DE LOMÉNIE.

GENTILHOMME DE LA MAISON DU ROI.

1647.

Plus, nous avons vu et employons un brevet original, en parchemin, à nous produit, donné à Paris, le 26 avril 1647, signé : Louis, plus bas GUÉNÉGAUD, par lequel Sa Majesté, de l'avis de la Reine mère régente, a créé une charge de Gentilhomme de sa maison, en faveur du Sieur Goddes de Varennes, son Conseiller en ses Conseils, et ce pour le récompenser des services qu'il lui a rendus en plusieurs emplois, particulièrement en celui de *Constantinople,* où il a très-utilement servi, et le dédommager des frais qu'il a faits pour cet objet, de laquelle charge il lui fait don pour en jouir aux honneurs et prérogatives y attachées.

DÉMISSION

DE LADITE CHARGE EN FAVEUR DE SON FILS.

1649.

Plus, nous avons vu et employons un autre brevet, aussi en original, sur parchemin, à nous produit, donné à Paris, le 29 Décembre 1649, signé : LOUIS, plus bas, GUÉNÉGAUD, par lequel Sa Majesté, de l'avis de la Reine mère régente, voulant reconnaître les importants services du Sieur de Varennes, l'un des Gentilshommes ordinaires de sa maison, a agréé la démission qu'il a faite de ladite charge en faveur de François de Goddes, son fils (troisième trisaïeul maternel), à condition toutefois de survivance l'un de l'autre, pour jouir par le Sieur de Varennes, fils, des honneurs et prérogatives attachées à ladite charge.

QUARTIER DE VASSAN.

DEMOISELLE

ÉLISABETH-GENEVIÈVE DE VASSAN,

2ᵐᵉ Bisaïeule maternelle.

CONTRAT DE MARIAGE.

1713.

Nous, Commissaires, avons revu en cet endroit le contrat de mariage de Messire François-Auguste de Goddes de Varennes, deuxième bisaïeul maternel du présenté, avec Demoiselle Élisabeth-Geneviève de Vassan, ci-devant énoncé, en date des 27 avril et 3 mai 1713, dans lequel acte ladite Demoiselle est dite fille de Messire Claude, Marquis de Vassan, Chevalier, Seigneur de Morsan, Lieutenant-Général de la Grande-Fauconnerie de France, et de Dame Geneviève-Célinie de Marsollier, son épouse, lesquels Sieur et Dame sont, par conséquent, quatrièmes trisaïeuls maternels du présenté.

CLAUDE DE VASSAN,

4ᵐᵉ Trisaïeul maternel.

ACTE DE NOTORIÉTÉ, PROUVANT MARIAGE.

1742.

Nous, Commissaires, à défaut du contrat de mariage du quatrième trisaïeul maternel, qui n'a pu être récupéré, avons vu et employons la grosse originale, sur parchemin timbré, à nous pro-

duite, d'un acte fait et passé à Paris, le 30 Novembre 1739, devant
Me Perret et son confrère, notaires au Châtelet, entre Messire François-Auguste de Goddes de Varennes (deuxième bisaïeul
maternel) et Dame Élisabeth-Geneviève de Vassan, son épouse,
d'une part, et Messire Pierre Durey d'Harnoncourt, Écuyer, Conseiller du Roi, Receveur-Général des finances au Comté de Bourgogne, d'autre part, par lequel acte ledit Sieur de Varennes a cédé,
vendu, quitté et délaissé, à titre d'héritage, audit Sieur Durey, la
terre et Seigneurie de Morsan-sur-Orge, consistant en haute,
moyenne et basse-justice, cens, rentes et droits seigneuriaux, appartenant audit Sieur de Varennes, du chef de ladite Demoiselle
de Vassan, sa femme, fille et héritière de feu Messire Claude
de Vassan, Chevalier, Seigneur de Morsan, et Dame Célinie
de Marsollier, son épouse, ladite vente faite moyennant le prix
et somme énoncés audit acte.

Lequel acte, ainsi que le contrat de mariage desdits Sieur de
Varennes et Demoiselle de Vassan, ci-dessus énoncés, nous ont
paru constater évidemment tant la filiation de la 2me bisaïeule maternelle, que le mariage de ses père et mère.

DONATION ENTRE-VIFS.

1682.

Et, pour prouver la noblesse du présent quartier, nous avons
vu et employons un acte à nous produit, en original, sur papier
timbré, fait et passé à Paris, le 15 janvier 1682, devant Me de
Clersin et son confrère, notaires au Châtelet, duquel appert
que Messire Charles de Vassan, Chevalier, Seigneur de Morsan
et autres lieux, Conseiller du Roi en ses Conseils, Président en sa
Chambre des Comptes de Paris (4me quartaïeul maternel), a cédé,
quitté et abandonné, à titre de donation entre-vifs, à Messire
Claude de Vassan, son fils aîné (4me trisaïeul), la terre et Seigneurie
de Morsan, près Juvisy, ses circonstances et dépendances, pour,
par lui, faire jouir et disposer, comme de choses à lui appartenant.

11

CHARLES DE VASSAN,

4ᵐᵉ Quartaïeul maternel,

PRESIDENT A LA CHAMBRE DES COMPTES.

1675.

Plus, nous avons vu et employons des lettres-patentes à nous produites, en original, sur parchemin timbré, données à Saint-Germain-en-Laye, le 10 janvier 1675, signées : Louis, sur le repli par le Roi, Le Ménestrel, par lesquelles Sa Majesté, pour les causes y énoncées, a donné et octroyé à son cher et féal Conseiller en sa Cour de Parlement de Paris, le Sieur Charles de Vassan (que l'on a vu dans l'acte ci-dessus rappelé comme père de Claude, 4ᵐᵉ trisaïeul) l'office de son Conseiller en sa Chambre des Comptes à Paris, que tenait et exerçait Messire Jean-Baptiste Goutier, dernier possesseur, pour en jouir aux droits et prérogatives qui y appartiennent. Sur le repli desdites lettres est fait mention de la prestation de serment dudit Sieur de Vassan, en date du 17 janvier suivant.

Signé : RICHER.

CHEVALIER DE MALTE.

1775.

Et, pour constater que le présent quartier a eu l'honneur d'être prouvé dans notre Ordre, nous avons vu et employons l'expédition en forme, à nous produite, du procès-verbal des preuves de noble André-Boniface-Louis de Riquetty de Mirabeau, reçu de minorité au rang de Chevalier de Justice de la vénérable langue et Grand-Prieuré de France, duquel procès-verbal, fait en l'année 1775, par Messire le Chevalier de Guines et de Boniface du Réel, appert que ledit noble de Mirabeau était fils de Messire Victor de

Riquetty, Marquis de Mirabeau, et de Demoiselle Marie-Geneviève de Vassan, laquelle est dite fille de Messire Charles de
Vassan, marié, par contrat du 24 juillet 1716, avec Demoiselle
Anne Ferrière de Saulve-Bœuf, et ledit Charles de Vassan (frère
de Claude, 4me trisaïeul maternel du présenté), fils de Messire Charles de Vassan, Conseiller du Roi, Président en la Chambre des
Comptes, ainsi qualifié dans son contrat de mariage, passé à Paris, le 23 juin 1675, avec Demoiselle Denise Bordier, ledit Charles, fils de Jacques de Vassan et de Demoiselle Madeleine Bailli, et
enfin ledit Jacques, fils d'autre Jacques de Vassan, lequel est premier quartaïeul maternel de noble de Mirabeau, par conséquent
quatrième sextaïeul aussi maternel du présenté.

Nous, Commissaires, avons remis la continuation du présent
procès-verbal à demain mercredi, huit des présents mois et an.

VÉRIFICATION DES MINUTES.

Ledit jour, nous, Commissaires susdits, accompagnés dudit Sieur Commandeur Crepel, à l'effet de remplir l'article de notre commission qui nous enjoint de vérifier sur les minutes et registres, autant que nous le jugerons nécessaire, sur notre honneur et conscience, les titres à nous produits pour la confection des présentes preuves, sommes partis de l'hôtel susdit, de nous, Chevalier de Géraldin, et nous sommes rendus en l'église paroissiale de St-Jean de cette ville (Caen), sur les registres de laquelle nous avons vérifié :

1° Le baptistaire de Messire Thomas-Robert-Nicolas d'Angerville, père du présenté, en date du 8 décembre 1740 ;

2° Le baptistaire de Messire Louis-Jacques-François d'Angerville, aïeul paternel du présenté, en date du 3 février 1726, lequel relate l'acte d'ondoiement, en date du 18 février 1716 ;

3° Le baptistaire de Messire Pierre-Louis-Augustin Hüe, deuxième bisaïeul paternel, en date du 5 mai 1682.

Lesquels actes nous avons trouvés parfaitement conformes aux registres à nous représentés par le vicaire de ladite paroisse, dépositaire d'iceux.

De cette paroisse nous sommes allés en celle de Saint-Pierre de ladite ville, sur les registres de laquelle nous avons vérifié le baptistaire de Demoiselle Marie-Jeanne-Madeleine-Françoise Hüe, aïeule paternelle du présenté, en date du 30 octobre 1718, lequel nous avons trouvé parfaitement conforme au registre à nous représenté par le curé de ladite paroisse.

De cette église nous sommes allés en celle de Saint-Michel de cette ville, sur les registres de laquelle nous avons vérifié l'acte de célébration de mariage de Messire Pierre-Louis-Augustin Hüe, deuxième bisaïeul paternel du présenté, avec Demoiselle Marie-

Françoise Cornière, en date du 8 mai 1710, lequel nous avons trouvé conforme au registre à nous représenté par le curé de ladite paroisse.

De cette église nous sommes allés au greffe du bailliage de cette ville, où sont déposées les minutes des notaires d'icelle et où nous avons vérifié :

1° Le contrat de mariage de Louis d'Angerville, premier tri-saïeul paternel, avec Demoiselle Anne Bellet, reconnu, le 18 février 1678, devant Étienne Chrétien et Charles du Moulin ;

2° Un acte de partage produit sous le degré de Louis-Jacques-François d'Angerville, aïeul paternel, en date du 21 janvier 1727, passé devant Thomas Gouye et Jacques Faguet.

Lesquels nous avons trouvés parfaitement conformes aux minutes desdits actes à nous représentés par le greffier dudit Bailliage.

De ce greffe nous sommes allés en celui de l'intendance de cette ville, où nous avons vérifié le jugement de maintenue de noblesse, obtenu, le 25 avril 1708, par Louis d'Angerville, 1ᵉʳ trisaïeul paternel, lequel nous avons trouvé conforme aux registres dudit greffe à nous représentés, et n'ayant plus d'autres titres à vérifier en la ville de Caen, nous avons remis la continuation de notre présente vérification au lendemain jeudi, neuvième jour des présents mois et an.

Ledit jour, nous, Commissaires susdits, accompagnés dudit Sieur Commandeur Crepel, sommes partis de ladite ville de Caen pour nous rendre au lieu de Douville, distant de ladite ville d'environ 6 lieues, où étant arrivés, sur le midi, nous sommes descendus au presbytère dudit lieu, chez le Sieur Formeville, curé d'icelui, lequel nous ayant conduits dans son église et fait entrer dans la sacristie, où sont déposés les registres d'icelle, nous, Commissaires, après avoir fait notre prière à Dieu, avons vérifié sur lesdits registres le baptistaire de noble Augustin d'Angerville présenté, en date du 24 août 1778, lequel nous avons trouvé parfaitement conforme.

Et, ayant remarqué que les autres titres et actes par nous employés étaient dans la forme la plus authentique, *étant tous origi-*

naux, ou passés sous seings privés, et par conséquent ne portant
point minutes, nous avons cru, sur notre honneur et conscience,
pouvoir terminer ici la présente vérification.

DÉCHARGE DES TITRES.

Ce fait, et de retour audit presbytère de Douville, nous avons
fait avertir le Seigneur père du présenté, auquel, aussitôt étant
comparu, nous avons remis tous les titres, pièces, documents et
renseignements qu'il nous avait communiqués, le requérant de
vouloir bien signer en cet endroit pour notre décharge sur chacune
des expéditions de notre présent procès-verbal, ce qu'il a fait, et
s'est retiré.

CONCLUSIONS.

Tout ce que dessus est ce que nous avons cru devoir être inséré en notre présent procès-verbal, auquel nous avons vaqué avec toute l'exactitude et l'attention qui nous sont enjointes par notre commission, en conséquence nous le terminerons par observer que quant au côté paternel :

La ligne directe du nom d'Angerville offre pendant près de *sept siècles* (c'est-à-dire depuis 1096 jusqu'à l'époque à laquelle ce présent procès-verbal est écrit, 1786) une noblesse soutenue par des titres de l'espèce la plus distinguée, entre autres, par la possession constante et dès lors immémoriale, de la terre et Seigneurie de Grainville, relevante de Sa Majesté en plein-fief de Haubert et dont les auteurs du présenté, jusques et y compris Robert d'Angerville, son dixième aïeul, ont successivement rendu au Roi foi-hommage, aveu et dénombrement. Cette ligne est encore prouvée par d'autres titres non moins respectables, tels que des partages nobles, des gardes-nobles, des maintenues de noblesse, des décharges de Francs-Fiefs, et réunit à tous ces avantages une filiation non interrompue et incontestable de douze degrés, en y comprenant celui du présenté.

Le second quartier paternel, du nom d'Abos, est terminé par l'emploi des preuves de noble François-Charles-Gabriel d'Esson de Douville, où la noblesse et filiation en sont établies de la manière la plus distinguée : le présenté ayant d'ailleurs parfaitement établi son identité avec ledit noble d'Esson de Douville.

Le 3me quartier paternel, du nom de Hüe de Mutrecy, est remonté pour la filiation et la noblesse jusqu'à Jean-Baptiste Hüe, troisième quartaïeul, et tous les quartiers en sont prouvés par des

aveux et foi-hommages au Roi, et par des lettres de confirmation d'anoblissement en faveur du 3me trisaïeul.

Le 4me quartier paternel n'offre d'autres preuves que celle de la
filiation centenaire, le présenté ayant été dispensé, par un bref,
d'en prouver la noblesse, grâce qu'il a complétement rachetée par
les preuves surabondantes des autres quartiers, et principalement
de la ligne directe.

A l'égard du côté maternel, la ligne directe est du nom d'Auray de St-Poix, et le présenté a parfaitement prouvé son identité
avec M. le Chevalier Louis-Honoré-Charles d'Auray de St-Poix,
aujourd'hui Commandeur d'Artheims, son grand-oncle maternel.
Nous observerons cependant, comme nous l'avons précédemment
fait, que le présenté doit obtenir de son Éminence et Sacré Conseil
une bulle confirmative du consentement que la vénérable langue
lui a accordé, pour passer sur les preuves de mon dit Sieur le Chevalier d'Auray de St-Poix, quant à ce qui concerne sa ligne
directe maternelle.

Le second quartier maternel, du nom de Baugy, ayant été
prouvé plusieurs fois dans notre Ordre, et particulièrement comme
ligne directe, par mon dit Sieur le Chevalier d'Auray de St-Poix,
dont la mère Demoiselle Anne-Bonne-Eugénie de Baugy, est
première bisaïeule du présenté, nous ne pouvons rendre que le
témoignage le plus avantageux de sa noblesse, sauf toutefois l'ob-
servation ci-dessus.

Le 3me quartier maternel, du nom de Goddes de Varennes, réunit la filiation la mieux soutenue à la noblesse la mieux prouvée, et
aux services militaires les plus distingués, jusques et y compris le
degré de François de Goddes de Varennes, troisième quartaïeul.

Enfin, le 4me quartier maternel est du nom de Vassan, famille
d'une noblesse ancienne et connue depuis longtemps dans notre
Ordre. Le présenté le termine par l'emploi des preuves de noble
André-Boniface-Louis de Riquetty de Mirabeau, reçu Chevalier de

notre Ordre, en la vénérable langue et Grand-Prieuré de France, avec lequel il a parfaitement prouvé son identité.

Sur ce nous estimons que les présentes preuves peuvent et doivent être reçues pour bonnes et valables, soumettant néanmoins notre sentiment à celui de Son Altesse Éminentissime et Sacré Conseil, à celui de Messieurs de la vénérable langue de France, à Malte, et préalablement à celui de Son Altesse Royale Monseigneur le Duc d'Angoulême, Grand-Prieur de France, ou Monsieur son Lieutenant et de Messieurs de la vénérable Assemblée Provinciale au Temple à Paris; en conséquence nous avons clos le présent procès-verbal rédigé en double expédition, dans l'une desquelles nous avons renfermé le baptistaire du présenté, son bref de minorité, sa quittance de passage, le mémorial de ses deux lignes directes, la délibération de la vénérable langue, qui le reçoit pour bon et valable, le bref qui le dispense de prouver la noblesse du quartier Cornière, son arbre généalogique, notre commission et la preuve secrète, fait, clos, signé de nous et scellé des cachets ordinaires de nos armes, à Douville, les jour, mois et an susdits, signé :

Le Chevalier DE GÉRALDIN, Commandeur de Coulommiers.

Le Chevalier DE MONTCANISY, Commandeur de St-Marc d'Orléans.

et scellé des cachets de leurs armes sur cire rouge.

Et nous, soussigné, frère Nicolas-Pierre Crepel, Commandeur de Baugis, Chancelier du Grand-Prieuré de France et Secrétaire en cette partie, certifions n'avoir rien écrit ni fait écrire au présent procès-verbal que ce qui nous a été cité et nommé par Messieurs les Commissaires que nous avons accompagnés partout où besoin a été, en foi de quoi nous avons signé la présente expédition les jour, mois et an qué dessus.

Signé : Frère NICOLAS-PIERRE CREPEL, Commandeur de Baugis et Chancelier du Grand-Prieuré de France.

12

DÉCRET DE LA VÉNÉRABLE ASSEMBLÉE

QUI REÇOIT LES PRÉSENTES PREUVES POUR BONNES ET VALABLES.

1786.

Tenant la vénérable Assemblée Provinciale du Grand-Prieuré de France, en la salle des Tours du Temple, à Paris, le samedi 25 novembre 1786.

Président vénérable Monsieur le Bailli de la Tour-St-Quentin, Lieutenant de Son Altesse Royale Monseigneur le Duc d'Angoulême, Grand-Prieur de France.

Messieurs les Chevaliers Boniface du Réel et de Lombelon, ci-devant nommés Commissaires pour réviser les preuves de noble d'Angerville, ont fait leur relation.

Sur quoi la vénérable Assemblée, approuvant la relation de Messieurs les Commissaires, a reçu lesdites preuves pour bonnes et valables, à la charge par le présenté de faire confirmer par son Éminence et sacré Conseil, son admission sur preuves, et a ordonné qu'une des expéditions d'icelles serait envoyée à Malte, close et scellée, et l'autre déposée en Chancellerie, pour y avoir recours au besoin.

Signé : le Commandeur CREPEL DE BAUGIS, Chancelier.

Collationné sur l'expédition originale, déposée en la chancellerie du Grand-Prieuré de France par nous, soussigné, Chancelier d'icelui, Commandeur de Baugis, et délivré sous le sceau à l'aigle, sur cire verte, dudit Grand-Prieuré, au Temple, à Paris, le samedi 28 juin 1788.

Signé : CREPEL, Commandeur de Baugis, Chancelier du
Grand-Prieuré de France.

Ici
le cachet du Grand-Prieuré
de France.

Montant des frais d'établissement des présentes preuves 1055 *liv.* 10 *s.*
reçu signé : Tiron jeune,
Généalogiste de l'Ordre de Malte.
Caen, le 31 octobre 1786.

D'ANGERVILLE D'AUVRECHER,

SEIGNEUR DE GRAINVILLE.

ARMES : *D'or, à 2 quintefeuilles de sable, posées l'une au canton droit et l'autre en pointe de l'écu, à un lionceau du même.*

(Extr. de la *Revue historique de la Noblesse*, par A. Borel d'Hauterive, tom. IV, pag. 395.)

ette famille, qui est également connue sous le nom d'AUVRECHER, est une des plus anciennes de la Normandie. Les Sires D'ANGERVILLE D'AUVRECHER figurent parmi les Chevaliers qui accompagnèrent Robert, Duc de Normandie, à la conquête de la Terre Sainte. GUILLAUME, Sire D'AUVRECHER D'ANGERVILLE, était Maréchal héréditaire et Sénéchal de Normandie sous Philippe-Auguste, l'an 1205. Son fils ROBERT, époux de *Jeanne de Préaux*, eut un fils, JEAN, qui, de *Marie de Bréauté*, fille de *Roger IV*, laissa JACQUES D'AUVRECHER, mort le 21 octobre 1428, et enterré près de Messire JEAN, Seigneur D'AUVRECHER D'ANGERVILLE, Maréchal héréditaire de Normandie. Un autre JEAN D'AUVRECHER est compris dans le rôle des grands Seigneurs de Normandie, sous le règne de Charles VI. La filiation est clairement suivie et établie à partir de :

I. RICHARD D'ANGERVILLE D'AUVRECHER, vivant vers l'an 1350, qui fut père de :

II. ROBERT D'ANGERVILLE D'AUVRECHER, Ier du nom, Seigneur de Grainville, qui épousa *Marguerite de Tonneville*, le 18 avril 1396, dont il eut :

12*

1. ROBERT II, qui continue la descendance ;

2. Et RICHARD D'ANGERVILLE, Seigneur de Grainville, marié avec *Marie de Trousseauville*, dont les armes sont : *de sable, au fer de moulin d'or.* Il eut une fille, MARIE D'ANGERVILLE, mariée, en 1441, avec Messire *d'Espinay-Saint-Luc*, Seigneur de Boisguerout, dont les armes sont : *d'argent, au chevron d'azur, chargé de onze besants d'or.*

III. ROBERT D'ANGERVILLE, IIe du nom, est au nombre des Gentilshommes qui défendirent le Mont-St-Michel en 1424, et ses armes furent conservées dans l'Abbaye, où ses descendants jouirent du privilége d'entrer armés *(Histoire de Normandie*, par Masseville). ROBERT épousa en 1438 noble Demoiselle *de Meurdrac*, fille du Sieur de Treilly, dont les armes sont : *de gueules, à deux jumelles d'or, sommées d'un léopard du même.* Il eut :

IV. ROBERT D'ANGERVILLE, IIIe du nom, qui, de noble Demoiselle *de Petiville*, laissa :

V. CHARLES D'ANGERVILLE D'AUVRECHER, qui prit alliance avec Demoiselle *Marie de Valencey*, qui le rendit père de :

VI. JEAN D'ANGERVILLE D'AUVRECHER, Ier du nom, Seigneur de Grainville, marié, en premières noces, à *Renée le Vavasseur*, dont les armes sont : *d'azur, au chevron d'or, chargé de trois flammes de gueules;* et en secondes noces, le 13 juillet 1516, à noble Demoiselle *Jacqueline de Dreux*, dont les armes sont : *d'azur, au chevron d'or, accompagné en chef de deux roses d'argent, et en pointe d'une ombre de soleil d'or.* Du premier lit il eut deux filles :

1. ANTOINETTE ;

2. Et LOUISE ;

Et du second lit :

3. FRANÇOIS, qui suit.

VII. FRANÇOIS D'ANGERVILLE D'AUVRECHER, Seigneur de Grainville, épousa, en 1570, noble Demoiselle *Catherine le Doyen*, fille de *Pierre*, Seigneur d'Authon, dont il eut deux fils et une fille :

1. RENÉ D'ANGERVILLE, qui va suivre ;

2. ROBERT, IVe du nom, dont la postérité sera rapportée après celle de son frère aîné ;

3. Et MARIE D'ANGERVILLE, laquelle épousa *Philippe de Cairon*, Seigneur de St-Victor, dont les armes sont : *de gueules, à trois coquilles d'argent.*

VIII. RENÉ D'ANGERVILLE D'AUVRECHER, Seigneur de Grainville, épousa Demoiselle *Boyvin de Galleville*, dont les armes sont : *d'azur, à trois croix d'or.* Il laissa :

IX. JEAN D'ANGERVILLE, IIe du nom, marié avec *Barbe de Jubert*, qui porte pour armes : *écartelé, aux 1 et 4 d'azur, à la croix alésée d'or ; aux 2 et 3 d'azur, à cinq fers de pique d'argent, 3, 2.* Il eut :

X. Louis d'Angerville d'Auvrecher, Ier du nom, marié avec *Anne Bellet*, dont les armes sont : *d'azur, à deux cotices engrêlées d'argent, la sénestre chargée d'une belette d'or, accolée de gueules et clarinée d'argent.* De ce mariage sont nés deux fils :

    1. Louis, qui va suivre ;

    2. Et Robert d'Angerville, qui épousa, en premières noces, N. *Louvel*, dont les armes sont : *d'azur, au chevron d'argent, accompagné en chef de deux coquilles d'or, et en pointe d'un griffon du même ;* et en secondes noces N. *de Clacy*, Dame du Mesnil-Touffray, qui porte : *de gueules, à trois pals échiquetés d'argent et d'azur, au chef d'or.*

Du premier lit est venu :

    1. Thomas d'Angerville, marié à Demoiselle *de Franqueville*, qui porte : *aux 1 et 4 de gueules ; au chef cousu d'or ; aux 2 et 3 de sable, à la croix ancrée d'or.*

Du second lit :

    2. Et Louis-Guillaume-Robert d'Angerville, marié à Demoiselle *Bernières Gavrus*, qui porte : *d'argent, à la fasce d'azur, chargée de trois croissants d'or, accompagnée en chef d'une bande de gueules, chargée d'une étoile d'or, et en pointe d'un lion naissant de sable,* et dont il n'a eu qu'une fille,

        Henriette d'Angerville.

XI. Louis d'Angerville, IIe du nom, épousa *Marguerite d'Abos*, dont les armes sont : *de sable, au chevron d'or, accompagné de trois roses d'argent.* Il eut un fils :

XII. Louis-Jacques-François d'Angerville, qui épousa Demoiselle *de Mutrecy* et de *Ste-Honorine*, dont les armes sont *à l'écu partagé en six parties horizontales, à 1, 3 et 5 d'azur, à 2, 4 et 6 de sinople, à la bande de gueules, portant une coquille de St-Jacques d'argent, entre deux étoiles du même.* De ce mariage sont nés :

    1. Thomas-Robert-Nicolas, qui suit ;

    2. Henri-René, marié avec *Anne Turgot*, dont il a eu :

        1. Émilie d'Angerville, qui a épousé le Comte de *la Barthe*, dont les armes sont : *d'or, à quatre pals de gueules.* (Peu de maisons dans le royaume peuvent le disputer en splendeur et en antiquité à la maison de la Barthe. Elle est issue, en ligne directe, des anciens Comtes souverains d'Aragon, qui le devinrent ensuite d'Aure et des Quatre Vallées) ;

        2. Honorine d'Angerville, mariée au Vicomte *de la Barthe*.

        3. Marguerite-Louise-Victoire, née à Bons, le 31 mai 1776, morte jeune ;

        4. Marie-Françoise-Adelaide, née à Bons, le 28 octobre 1777, mariée à M. le Vicomte *Adolphe de la Barthe ;*

5. MARIE-ANNE-EMILIE, née à Sainte-Honorine-la-Chardonette en 1779, mariée à M. le Comte *de la Barthe*, dont elle eut

    1. ADOLPHINE, mariée à M. le Baron *Lebilheurt d'Argenton;*

    2. EDMONT, mort jeune;

    3. GUSTAVE, marié à Mademoiselle *de Vandeuvre,* dont il eut :

        1. Un fils, marié à Mademoiselle *de Beaupré;*

        2. Une fille, mariée à M. *de Beaupré;*

        3. Une fille, qui épousa M. *Amiot.*

XIII. THOMAS-ROBERT-NICOLAS, Marquis D'ANGERVILLE, épousa, le 1ᵉʳ septembre 1767, *Augustine-Marie-Anne-Lucie d'Auray de St-Poix,* dont il a eu :

    1. MARIE-LOUISE-EUGÉNIE D'ANGERVILLE, née à Sainte-Honorine-la-Chardonette, le 20 janvier 1769, morte jeune;

    2. LOUIS-MARIE-EUGÈNE, Marquis D'ANGERVILLE D'AUVRECHER, qui va suivre ;

    3. MARIE-HENRIETTE D'ANGERVILLE, née à Douville, le 16 avril 1772, mariée avec Messire *Bonnet de Mautry de Dramard,* dont elle a eu :

        1. *Georges,* mort sans enfants;

        2. *X. de Dramard,* Officier de Marine, qui épousa Mademoiselle *de la Quaize,* dont il eut :

            1. *Gaston,* mort;

            2. *Georges,* veuf sans enfants;

            3. *Berthe,* qui épousa M. *Boudet.*

    4. LOUIS-VICTOR, Comte D'ANGERVILLE D'AUVRECHER, né à Douville, le 20 février 1776, ancien Officier de Cavalerie, Chevalier de St-Louis, marié le 3 octobre 1802, à *Aimée-Julie Housset de Catteville,* dont il a eu deux fils et une fille :

        1. MARIE-ALPHONSE, Vicomte D'ANGERVILLE, Conseiller du Roi à la Cour royale de Caen, marié, en premières noces, le 15 septembre 1835, à *Marie-Vitaline d'Amphernet,* dont les armes sont : *de sable, à l'aigle éployée, au vol abaissé d'argent, becquée et membrée d'or;* et, en secondes noces, à Mademoiselle *Caroline-Stéphanie de Préval;* mort sans enfants;

        2. RENÉ, mort à la Flèche ;

        3. LUCY, morte à 16 ans.

    5. MARIE-FÉLICITÉ D'ANGERVILLE, née à Caen, paroisse St-Jean, le 16 mars 1777, qui a épousé en premières noces le Comte *de Bretteville,* mort sans enfants; et en secondes noces le Comte *François de Touchet,* dont elle eut un fils, ancien Officier, marié à Mademoiselle *** d'Abbeville, dont deux fils, Officiers.

    6. AUGUSTIN D'ANGERVILLE, né à Douville, le 24 août 1778, qui épousa Mademoiselle *du Mesnil-Adelée,* dont

    ÉLISA D'ANGERVILLE, mariée à M. *du Feu,* dont elle eut :

        1. *Albéric du Feu,* marié à Demoiselle X*** *de Granville,* et mort sans enfants;

        2. Une fille, mariée à M. *Salles.*

XIV. LOUIS-MARIE-EUGÈNE. Marquis D'ANGERVILLE D'AUVRECHER, né le 24 mai

1771, Officier de Cavalerie, Chevalier de St-Louis, mort en 1829, avait épousé *Anne de Tesson*, dont il n'a eu qu'un fils :

XV. HENRY, Marquis D'ANGERVILLE D'AUVRECHER, ancien Officier de Cavalerie, qui a épousé, en 1834, Mademoiselle *Esther de Subtil de Martainville*, dont il a eu deux enfants :

> 1. LOUIS-NOÉ D'ANGERVILLE D'AUVRECHER, qui suit;
>
> 2. Et LUCY D'ANGERVILLE D'AUVRECHER, mariée en 1858, au Marquis de *Goddes de Varennes*, dont elle a eu :
>
> > 1. *Lucyanne de Goddes de Varennes;*
> > 2. *Céline de Goddes de Varennes.*

XVI. LOUIS-NOÉ, Marquis D'ANGERVILLE D'AUVRECHER, marié, en 1872, à *Jeanne du Mesnil-Marigny*, dont il a eu :

> 1. SEM D'ANGERVILLE D'AUVRECHER ;
> 2. MARTINE D'ANGERVILLE D'AUVRECHER ;
> 3. SIMONE D'ANGERVILLE D'AUVRECHER.
> 4. THOMYNE D'ANGERVILLE D'AUVRECHER ; } Jumelles.
> 5. N*** morte en naissant.

BRANCHE CADETTE.

VIII. ROBERT D'ANGERVILLE D'AUVRECHER, IVᵉ du nom, second fils de FRANÇOIS D'ANGERVILLE D'AUVRECHER, Seigneur de Grainville, épousa *Isabeau de Boisrenom*, l'an 1608. De ce mariage il eut :

IX. ANTOINE D'ANGERVILLE, qui fut père de :

X. JACQUES D'ANGERVILLE, lequel eut :

XI. JEAN-BAPTISTE D'ANGERVILLE D'AUVRECHER, qui épousa *Marie-Thérèse de Bellemare*, dont les armes sont : *de gueules, à la fasce d'argent, accompagnée de trois carpes contournées du même.*

XII. JACQUES D'ANGERVILLE, qui épousa *Louise-Victoire de Boisthierry*, le 28 mai 1759. De ce mariage est né :

XIII. PIERRE-JACQUES D'ANGERVILLE D'AUVRECHER, ancien Officier au régiment d'Armagnac, qui épousa *Élisabeth Michel*, le 15 janvier 1793. De ce mariage naquit :

XIV. BARTHÉLEMY D'ANGERVILLE, né le 22 mars 1796, Garde-du-Corps, Capitaine au 8ᵐᵉ Régiment de Cuirassiers, marié à Demoiselle *Marie-Suzanne-Albertine de Bournonville*, le 10 Janvier 1843. De ce mariage il a eu :

> 1. Le 5 Juin 1845, DELPHINE-LOUISE-MARIE D'ANGERVILLE, décédée en 1848 ;
> 2. Le 7 août 1849, EUGÈNE-CHARLES-ROBERT D'ANGERVILLE.

ASCENDANCE

DE

JACQUELINE DE DREUX,

ÉPOUSE

DE JEAN D'ANGERVILLE,

SEIGNEUR D'AUVRECHER,

EN 1526.

(Extrait de l'*Histoire généalogique et chronologique de la Maison royale de France, des grands Officiers de la Couronne*, etc., par le P. Anselme, tom. I, pag. 423.)

Premier degré.

ACQUELINE DE DREUX, qui épousa, le 13 juillet 1526, *Jean d'Angerville*, Seigneur d'Auvrecher, était veuve d'*Olivier des Hayes*, dit *d'Espinay*, Seigneur de Boisguérout, mort en 1521, dont elle avait eu postérité. Cet *Olivier des Hayes*, l'un des cent Gentilshommes de la maison du Roi, était fils de *Guyon des Hayes*, Seigneur de Boisguérout et de Trubleville, et de *Jeanne de Pillois*, Dame de Tournebu près Gaillou et de Roville. Il était petit-fils de *Guillaume II des Hayes*, Capitaine d'Arcques, et de *Marie d'Angerville*, fille de *Richard d'Angerville*, Seigneur de Grainville, et de *Marie de Trousseauville*. C'est de cette famille d'*Espinay* qu'était *Timoléon d'Espinay*, Seigneur de St-Luc, Maréchal de France en 1628, et que sont sortis d'autres notables personnages.

Ladite JACQUELINE DE DREUX avait pour frères et sœurs :

1. FRANÇOIS DE DREUX, Seigneur de Morainville, Bonnetot, Estalleville, qui fut

assigné avec ses frères pardevant les élus de Lisieux, le 24 avril 1540, pour prouver sa noblesse, et ils déclarèrent être issus de Louis *le Gros*, Roi de France. Il prenait la qualité de Chevalier de l'Ordre du Roi, Vidame de Normandie, Baron de Fresnes, Seigneur de Morennes et Pommereuil. Il eut des enfants de ses deux femmes, *Jacqueline d'Ossencourt* et *Jeanne de Chambes-Montsoreau*, dite *la petite Damoiselle* :

2. ROBERT DE DREUX, mort sans enfants ;

3. JEAN DE DREUX, Seigneur de la Loyère, mort sans lignée en 1540 ;

4. GUILLAUME DE DREUX, Écuyer ;

5. JEANNE DE DREUX, mariée, le 27 juillet 1497, à *Antoine Masquerel*, Ier du nom, Seigneur d'Ermanville, mort en 1527, qui en eut postérité ;

6. BLANCHE DE DREUX, sœur cadette de JACQUELINE, qui épousa *Guillaume*, Seigneur de *Villiers-sur-Port*.

JACQUELINE DE DREUX portait : *échiqueté d'or et d'azur, à la bordure de gueules, chargée de dix roses d'or*. Elle était fille de JACQUES DE DREUX et d'*Agnès de Mareuil*, qui seront rapportés au 2me degré.

JACQUES DE DREUX, Seigneur de Morainville et Morennes, Vicomte de Beaus- *Deuxième degré.* sart, Berville, Pommereuil, Riville, St-Pierre-le-Châtel, homme d'armes du Duc de Guyenne, en 1472, Grenetier du grenier à sel de Dieppe en 1480, vendit, en 1514, la Seigneurie de Beaussart à Louis de Graville, Amiral de France. Il était fils de ROBERT DE DREUX, Seigneur d'Esneval, et de *Guillemette de Segrie*. Il épousa, avant 1480, *Agnès de Mareuil*, fille de *Jean de Mareuil*, Baron de Villebois, en Angoumois, et de *Jeanne de Vernon*.

JACQUES DE DREUX portait comme ci-dessus. *Mareuil* porte : *de gueules, au chef d'argent, au lion d'azur, brochant sur le tout.*

ROBERT DE DREUX, Seigneur de Beaussart et de Berreville, Vidame et Baron *Troisième degré.* d'Esneval et Pavilly, reçut du Roi mille livres de rente sur la confiscation des biens de SIMON DE DREUX, son oncle paternel, qui avait pris le parti des ennemis. Il eut une Compagnie de cent hommes d'armes, fut pris par les Anglais en 1449, et fut ensuite établi Capitaine de Rouen. Il devint le chef de la Maison de DREUX, après la mort de son oncle, et obtint du Roi d'en porter les armes pleines, savoir : *échiqueté d'or et d'azur, à la bordure de gueules*. Il mourut le 18 juin 1478, et fut enterré à l'église des Jacobins, à Rouen, en la chapelle du Rosaire, dite de DREUX, sous une pierre plate où sa figure fut gravée avec celle de sa femme *Guillemette de Segrie*, fille et héritière de *Louis de Segrie*, Seigneur de Morainville, et d'*Isabelle de Roissi*. Elle mourut en 1490. *Segrie* portait : *d'argent, à une croix engrêlée de gueules*. ROBERT DE DREUX était fils de GAUVAIN DE DREUX et de *Jeanne d'Esneval*.

GAUVAIN II DE DREUX, Vidame et Baron d'Esneval, Seigneur de Berreville, *Quatrième degré.* Valet tranchant du Roi en 1409, Capitaine du Château de Bayeux, le 31 août 1410. Il fit montre de lui Écuyer et de onze autres Écuyers de sa Compagnie à

13

Vernon, le 8 avril 1412, et fut tué en 1415 à la bataille d'Azincourt. Il était fils d'Étienne de Dreux, dit *Gauvain*, et de *Philippe de Maussigny*. Il portait comme son fils : de Dreux, sans brisure. Il épousa, vers l'an 1404, *Jeanne d'Esneval*, morte le 20 septembre 1421, au château d'Ivry, et enterrée en l'Abbaye d'Ivry, veuve de *Jean de la Personne*, Vicomte d'Acy, et fille unique de *Robert*, Sieur *d'Esneval* et Vidame de Normandie, et *d'Isabelle de Mallemains*, Dame de Berreville, fille de *Nicolas de Mallemains*, Seigneur de Berreville, en Caux, et *d'Yolette de Fréauville*. Esneval portait : *palé d'or et d'azur de six pièces, au chef de gueules, chargé de trois molettes d'argent.*

Cinquième degré.

Étienne, dit *Gauvain*, de Dreux, Seigneur de Beaussart, Senonches, Vicomte et Capitaine de Dreux, Maître d'Hôtel du Roi en 1386, vivait encore en 1392. Il était fils unique (ayant deux sœurs) de Jean de Dreux et de *Marguerite de la Roche*. Il portait de Dreux, *à la bande de gueules, brochant sur le tout*. Il épousa *Philippe de Maussigny*, qui portait : *d'argent, à la croix de sable accompagnée de seize merlettes du même.*

Sixième degré.

Jean de Dreux, Seigneur de Châteauneuf, Beaussart, Senonches, Vicomte de Dreux, vivait en 1331 et 1347, était, selon la conjecture de M. du Chesne, fils puîné de Robert II de Dreux, Sieur de Beu. Il portait comme son fils Étienne. Il épousa *Marguerite de la Roche*, fille aînée *d'Étienne de la Roche*, dit *Gauvain*, Seigneur de la Roche, Châteauneuf, Beaussart et Senonches en partie, Vicomte de Dreux. *La Roche portait : d'or, à l'aigle de sable.*

Septième degré.

Robert II de Dreux, Seigneur de Beu, Bagnaux, la Chapelle-Gautier, fils de Robert de Dreux et *d'Isabelle de Villebéon*, né vers 1265, fut élevé par Robert, Comte de Dreux, avec Gaucher de Châtillon, Comte de Porcéan, Connétable de France. Il passa dans la Pouille, en 1282, au secours du Roi de Sicile. Il accompagna, en 1303, le Roi Philippe le Bel contre les Flamands. Il épousa : 1° *Yoland de Vendôme* (nommée *Jeanne de Vendôme* par quelques-uns), que l'on présume être la mère de Jean de Dreux cité à l'article précédent. Elle eut un fils aîné, Robert III de Dreux, Seigneur de Beu, souverain Maître d'Hôtel du Roi et de la Reine, l'un des exécuteurs testamentaires du Roi Philippe de Valois, qui laissa postérité de ses deux femmes *Béatrix de Courlandon* et *Isabeau des Barres*. Robert II de Dreux prit une seconde alliance avec *Marguerite de Beaumont*, Comtesse *de Chamerlan*, en Sicile, veuve de *Jean de Montfort*, Comte de Squilace, dont il ne paraît pas avoir eu d'enfants. *Vendôme porte : d'argent, au chef de gueules, à un lion d'azur, brochant sur le tout.*

Huitième degré.

Robert de Dreux, Vicomte de Châteaudun en 1253, Seigneur de Beu, Montdoubleau, Néelle en Tardenois, Longueville et Quincy, deuxième fils de Robert III, Comte de Dreux, et *d'Ænor de St-Valery*, passa, en 1248, en Terre-Sainte, et mourut en 1264. Il fut enterré dans l'Église de St-Ived de Braine. Il portait : *échiqueté d'or et d'azur, à la bordure engrêlée de gueules.* Sa première femme fut *Clémence*, Vicomtesse *de Châteaudun*, dont il eut deux filles. La seconde

Isabelle de Villebéon, dont il eut ROBERT DE DREUX, duquel on a parlé au septième degré, et *Isabelle*, femme du Connétable *de Châtillon*. Les filles du premier
lit avaient épousé le Connétable *de Néelle* et le Sire *d'Achères*, de la Maison
de *Nemours*. *Isabelle de Villebéon*, dite *la Chambellane*, Dame de la Chapelle-
Gautier et Bagnaux, était veuve de *Mathieu*, Seigneur *de Montmirail* et d'Oisy,
et fille aînée d'*Adam* le Chambellan, Seigneur *de Villebéon*. Elle fut mariée en
1263 ; elle portait : *de sinople, à trois jumelles d'argent en fasce et une bordure engrêlée de gueules.*

ROBERT III, Comte DE DREUX et de BRAINE, Seigneur de St-Valery, Gamaches, Neuvième degré.
Bouint, Dommart, Bernarville, St-Aubin, Beu et Néelle, est surnommé *Gâteblé*,
armé Chevalier à Compiègne par le Roi Philippe-Auguste à la Pentecôte 17 mai
1209 ; défendit Soissons contre le Roi d'Angleterre, puis fut pris dans une embus-
cade et échangé contre le Comte de Salisbury. Il accompagna Louis de France
en Angleterre; assista à la prise d'Avignon en 1226 et au couronnement du Roi
saint Louis, qu'il suivit en toutes ses expéditions jusqu'à sa mort en 1233 ; est
enterré à St-Ived de Braine. Il épousa en 1210 *Ænor de St-Valery*, qui se remaria
depuis à *Henry*, Seigneur *de Sully*. Elle était fille de *Thomas de St-Valery*, et
d'*Adèle de Ponthieu*. Il eut plusieurs enfants, dont l'aîné, JEAN, Comte DE DREUX,
épousa *Marie de Bourbon-l'Archambaud*, et une fille, YOLAND DE DREUX, femme
d'*Hugues IV*, Duc de Bourgogne. St-Valery portait : *d'azur, fretté de huit
pièces, l'écu semé de fleurs de lis, le tout d'or.*

ROBERT était fils aîné de ROBERT II et de *Yoland de Coucy*. Il portait les
armes pleines de DREUX, ainsi que son père.

ROBERT II, dit le *Jeune*, Comte DE DREUX, Braine et Nevers, Seigneur de Fère Dixième degré.
en Tardenois, Pontarcy, Quincy, Longueville, Torcy, Brie-Comte-Robert,
Chailly et Lonjumeau, fondateur du Prieuré de Fermincourt, et de l'Ordre de
St-Augustin en 1185, se trouva à la prise d'Acre en 1191, au siège de Rouen,
contre l'Anglais, en 1204 ; à la guerre des Albigeois en 1210 ; à Bouvines en
1214, et mourut le 28 décembre 1218 ou 1219. Il est enterré à St-Yved de Braine,
à côté de sa mère Agnès de Baudement ; sa figure est représentée tenant une fleur
de lis à la main droite. Il était fils de ROBERT DE FRANCE, Comte de Dreux, etc. ; il
épousa d'abord *Mahaud de Bourgogne*, dont il n'eut pas d'enfants, puis *Yoland
de Coucy*, fille aînée de *Raoul* Ier, Sire *de Coucy*, et d'*Agnès de Haynaut ;* celle-
ci mariée en 1184 et morte le 18 mars 1222, lui donna pour enfants, outre
ROBERT III qui précède, PIERRE DE DREUX, Duc de Bretagne ; JEAN DE DREUX,
Comte de Mâcon et de Vienne, et des filles, mariées aux Sires de *Salins* et
de *Choiseul*, de *Châteauneuf*, et au Comte de *Bar*, de *Bourgogne* et d'*Eu*.
Coucy portait : *fascé de six pièces de vair et de gueules.*

ROBERT DE FRANCE, Comte de Dreux, du Perche, Braine, Seigneur des terres Onzième degré.
ci-dessus dénommées, cinquième fils de LOUIS *le Gros*, Roi de France, et d'*Adelaïs
de Maurienne*, fit la deuxième croisade, et assista le Roi son frère contre les Anglais

en 1158. Il fonda l'Église de St-Thomas du Louvre en l'honneur de St-Thomas de Cantorbery, et mourut fort âgé, le 11 octobre 1188, élisant sa sépulture en l'Abbaye de St-Ived de Braine, fondée par sa troisième femme *Agnès de Baudement*, Dame de Braine, Néelle, de Pontarcy, Longueville et Baudement, veuve de *Milon*, Comte de *Bar-sur-Seine*, et fille unique de *Guy de Baudement*, Seigneur de Braine, et d'*Alix*. Il avait eu deux premières femmes, *Agnès de Garlande* et *Harville d'Évreux*. Il ne laissa de postérité mâle que de la troisième qu'il épousa en 1152. *Baudement* portait : *échiqueté d'or et d'azur, à la bordure de gueules*, qui devinrent les armes des DREUX. L'usage des armoiries commença alors à s'introduire.

Douzième degré.   Louis *le Gros*, Roi de France sous le nom de LOUIS VI, né en 1081, mort le 1er août 1137, épousa *Adélaïs*, fille aînée de *Humbert II*, Comte de *Maurienne* et de *Savoie*, et de *Gisle de Bourgogne*. Étant veuve du Roi, elle épousa *Mathieu Ier de Montmorency*, Connétable de France.

Elle eut du premier lit plusieurs enfants, savoir : PHILIPPE, couronné du vivant de son père ; LOUIS, qui fut le Roi LOUIS VII ; ROBERT, Comte DE DREUX, et PIERRE DE COURTENAY, d'où sont sortis les Empereurs de Constantinople, etc.

Treizième degré.   PHILIPPE Ier, Roi de France, père de LOUIS *le Gros*, né en 1053 ; mort le 29 Juillet 1108, eut pour femme *Berthe*, fille de *Florent Ier*, Comte de *Hollande*, et de *Gertrude de Saxe*.

Quatorzième degré.   HENRI Ier, Roi de France, père de PHILIPPE et de HUGUES *le Grand*, Comte de Vermandois, avait épousé, dit-on, *Anne de Russie*, d'autres prétendent qu'elle était de la Maison des Comtes de *Roucy*, déjà alliée à la Maison Capétienne.

Quinzième degré.   ROBERT Ier, Roi de France, dit *le Dévot*, père de HENRI Ier, avait épousé *Constance*, fille de *Guillaume Ier*, Comte de Provence et d'Arles, et de *Blanche d'Anjou*. Outre le Roi HENRI il en avait eu un fils, ROBERT, Duc de Bourgogne, ancêtre des premiers Ducs de *Bourgogne* et de la Maison Royale de *Portugal*, qui règne encore sur le Brésil, et des filles, mariées aux Comtes de *Nevers* et de *Flandre*, au Duc de *Normandie*.

Seizième degré.   HUGUES, dit *Capet*, Roi de France, mort en 996, père de ROBERT Ier, avait épousé *Adélaïs*, que l'on croit fille de *Guillaume III*, dit *Tête d'étoupes*, Duc de Guyenne.

Dix-septième degré.   HUGUES, dit *le Grand*, *l'Abbé* et *le Blanc*, Duc de France et de Bourgogne, Comte de Paris et d'Orléans, Abbé Commendataire de St-Denis, St-Germain-des-Prés, et St-Martin de Tours, rétablit le Roi Louis d'Outremer. Le Duc de Normandie son gendre, fut le tuteur de ses enfants. Le Roi HUGUES CAPET, son fils aîné, était issu de son troisième mariage avec *Hadwide*, Duchesse de *Lorraine*, fille d'*Henri Ier de Saxe*, dit *l'Oiseleur*, Roi d'Allemagne.

Dix-huitième degré.   ROBERT II, Duc de France, Comte de Poitiers, Marquis d'Orléans, père d'HUGUES *le Grand*, se fit couronner Roi de France en 922, et fut tué l'an suivant. Il avait épousé *Béatrix*, fille de *Pépin Ier*, Comte de Vermandois et de Senlis (de la Maison Carlovingienne), selon M. du Bouchet ; il en eut aussi une fille, mariée à *Raoul*, Duc de *Bourgogne*, qui se fit sacrer Roi de France en 923.

ROBERT *le Fort*, Duc et Marquis de France, Comte d'Anjou, Abbé de Dix-neuvième degré. St-Martin de Tours, dont on ne connaît point positivement l'origine, battit les Normands sur la Loire en 822, et fut tué en luttant contre eux en 866 à Brissarte en Anjou. Sa femme était, dit-on, *Adélaïde*, veuve de *Conrad*, Comte *de Paris*. Il en eut 1° EUDES, Roi de France; 2° ROBERT, dont il a été question au 18me degré; 3° et RICHILDE, femme de *Richard*, Comte *de Troyes*.

ANGERVILLE-D'AUVRECHER

EN NORMANDIE,

proche Caen, diocèse de Bayeux.

(Extrait du *Dictionnaire de la Noblesse*, par de La Chenaye-Desbois, tom. I, col. 512 et suiv.)

ngerville-la-Martel est un Bourg de l'Élection de Caudebec où il y a Foire et Marché. Les noms d'*Angerville* et d'*Auvrecher,* dit la Roque, dans son *Traité de l'origine des Noms,* pag. 29, sont ceux d'une même famille. Les Seigneurs d'*Angerville d'Auvrecher*, qui faisoient une branche de la Maison des Comtes de *Tancarville,* étoient Maréchaux héréditaires de Normandie.

Dans la liste de la Noblesse qui accompagna ROBERT, Duc de Normandie, à la conquête de la Terre-Sainte, l'an 1096, sont compris les Sires d'*Angerville-d'Auvrecher.*

GUILLAUME D'ANGERVILLE fut témoin, vers l'an 1140, des donations faites par la Princesse MATHILDE, fille d'HENRI, Roi d'Angleterre, aux Moines de *Saint-André* de Goufiers et de *Saint-Nicolas* d'Angers.

ROBERT D'ANGERVILLE aumôna de ses fonds au Couvent de Notre-Dame du Vœu, vers l'an 1200.

Dans une Charte en latin, du mois d'octobre 1204, du Monastère de Beaumont-en-Auge, on trouve GUILLAUME D'ANGERVILLE, qui confirme la donation de la dixme de la Terre et du Moulin de Fauguernon, faite par son père et ses prédécesseurs.

Par une autre Charte en latin, sans date, GUILLAUME D'ANGERVILLE, du consentement d'*Hedvige,* sa femme, donne en pure aumône les deux tiers de la dixme de tout son Fief du Mesnil, situé à Fauguernon.

On trouve encore dans le même Chartrier un ROBERT D'ANGERVILLE, dont les biens furent confisqués par le Roi de France, pour crime de félonie. Il possédoit un Fief considérable, nommé le Fief *le Tillet,* lequel fut aumôné au Prieuré de Beaumont par le Roi de France.

GUILLAUME D'ANGERVILLE, Maréchal héréditaire de Normandie, possédoit la Terre d'*Auvrecher,* sous le dernier Duc de Normandie, avec un Fief à Fauguernon ; ce qui paroît par un aveu rendu au Roi PHILIPPE-AUGUSTE, par RICHARD D'ANGERVILLE, après la réunion faite du Duché de Normandie à la Couronne de France.

On voit par l'extrait d'une Charte de la Couronne de France, cité dans le *Traité de la Noblesse,* par la Roque, que GUILLAUME, Sire D'ANGERVILLE, étoit Maréchal héréditaire de Normandie. Les Registres de la Chambre des Comptes, dressés sous le Règne de PHILIPPE-AUGUSTE, font aussi mention, que ledit Seigneur GUILLAUME étoit Maréchal héréditaire de Normandie.

Parmi les Seigneurs qui furent admonestés par le Roi SAINT LOUIS, pour se trouver en armes à Saint-Germain-en-Laye, l'an 1236, comparurent les cinq Évêques de Normandie, le Chambellan de Tancarville, LOUIS et THOMAS D'ANGERVILLE. Dans une autre semonce de la Noblesse, en 1242, un LOUIS D'ANGERVILLE, l'épouse de feu THIBAUT D'ANGERVILLE, la veuve de *Richard d'Harcourt,* etc., sont obligés de fournir.

Les Anglois, en 1322, voulant faire une descente sur les côtes de Normandie, le Roi envoya des Commandants dans ces Places, et le Sire d'AUVRECHER eut le Commandement du Mont-Saint-Michel.

On trouve, dans le *Traité de la Noblesse* de la Roque, un AUBERI D'ANGERVILLE, Sénéchal du Rouergue en 1324, et dans l'*Histoire de la Maison d'Harcourt,* par le même, un JEAN D'ANGERVILLE, qui servoit en 1338.

GUILLAUME D'AUVRECHER, Écuyer, Sire d'*Auvrecher,* et Maréchal de Normandie, aumôna plusieurs pièces de Terre, en décembre 1342, au Prieuré de Notre-Dame-des-Bois, près Harfleur.

Noble Dame *Jeanne de Plannes,* veuve de ROBERT D'AUVRECHER, acquit, par contrat du 29 février 1374, de *Guillaume de Cordouan*, 6 livres que lui faisoit *Renouf.*

Messire JEAN D'AUVRECHER, Chevalier, est compris dans le rôle des Grands de Normandie, qui fut dressé sous le Règne de CHARLES VI.

Le droit qu'avoit *Philippe d'Harcourt* à la Maréchaussée de Normandie, étoit fondé sur le contrat d'acquisition par lui fait, en 1386, de la Terre d'Auvrecher, lequel contrat est mentionné dans les registres de la Chambre des Comptes. On tire aussi de ces registres la preuve très-ancienne de la possession de cette charge, dans la Maison d'*Angerville d'Auvrecher,* puisque GUILLAUME D'ANGERVILLE et D'AUVRECHER prenoit la qualité de Maréchal héréditaire de Normandie, du temps de PHILIPPE-AUGUSTE.

CHARLES VI établit pour Commandants sur les côtes de Normandie, en 1388, le Maréchal de Blainville, et les Sires de Rouville et d'Auvrecher.

L'échiquier de 1390 nous apprend que Messire JEAN D'AUVRECHER, Seigneur de la Terre de ce nom, prenoit le titre de Maréchal héréditaire de Normandie, comme héritier de feu Messire ROBERT D'AUVRECHER, son père, plaidant conjointement avec *Jeanne de Préaux,* sa mère, contre *Guillaume de Saint-Marc,* Vicomte de Blosseville. Le même échiquier de l'an 1390 parle encore de Messire JEAN D'AUVRECHER, Chevalier, Sire d'*Auvre-*

cher, Maréchal de Normandie, plaidant contre GUILLAUME D'AU-
VRECHER, Vicomte de Blosseville; M. Renaud des Isles, lors Bailli
de Caux; et Olivier du Guesclin, Chevalier, Comte de Longueville.

Noble homme ROBERT D'ANGERVILLE, Écuyer, Seigneur de
Grainville, et Noble homme PIERRE D'ANGERVILLE, Écuyer, possé-
dant des Fiefs dans la Paroisse de Douville, en rendirent aveu au
Roi dans les années 1391 et 1392.

Dans un titre de 1400, JEAN D'AUVRECHER prend les qualités de
Sire d'*Auvrecher* et de Maréchal héréditaire de Normandie. Sa
fille unique, JEANNE D'AUVRECHER, étant morte sans enfants, sa
succession passa à *Guillaume Crépin de Mauni,* Chevalier, et à
JACQUELINE D'AUVRECHER, sa femme, sœur dudit Sire d'AUVRE-
CHER; lesquels biens furent confisqués, en 1423, par le Roi d'Angleterre, qui occupoit alors la Normandie. (*Histoire de la Maison
d'Harcourt,* tom. II, chap. 67, pag. 1981.)

JEAN D'AUVRECHER et DE PLANNES, Maréchal héréditaire de Normandie, épousa, vers l'an 1430, *Jeanne de Bréauté*, fille de *Roger III,* Sire de *Bréauté*, Vicomte de Mainneval, Chambellan des
Rois CHARLES VI et CHARLES VII, et de *Marguerite d'Estouteville.*

Dans des Mémoires manuscrits de M. de Brézé-Malet, Cha-
noine de Rouen, on trouve le mariage de *Raoul Morel de Brionne,*
avec PERRETTE D'AUVRECHER. Leurs armes se voient au Prieuré
du Parc d'Harcourt.

Il y a une branche d'ANGERVILLE D'AUVRECHER en Angleterre,
qui possède la Terre de Herfort. Il en est parlé dans les *Antiquités
de Leicester,* par Guillaume Biorton, et dans la Roque, pag. 1990.

Le premier du nom d'*Angerville,* dont la filiation soit suivie,
est Messire ROBERT D'ANGERVILLE-D'AUVRECHER, Seigneur de Grainville, fils de RICHARD, qui épousa *Marguerite de Tonneville,* Dame
de Gonneville, le 18 Avril 1396. D'eux sortirent :

1. ROBERT, qui suit;
2. RICHARD, Seigneur de Grainville, marié avec *Marie de Trousseauville,*
   dont MARIE D'ANGERVILLE, mariée, en 1441, avec Messire *Guillaume
   d'Espinai-Saint-Luc,* Seigneur de Bosguerout.

14

ROBERT D'ANGERVILLE-D'AUVRECHER est compté parmi les Gentilshommes qui défendirent le Mont-Saint-Michel en 1424. Ses armes se conservent à l'Abbaye, et ses descendants jouirent du Privilége d'y entrer armés. Voy. l'*Hist. de Normandie*, par Masseville. Ce ROBERT D'ANGERVILLE épousa *Jeanne de Meurdrac*, fille aînée et héritière en partie de *Guillaume de Meurdrac*, Seigneur de Treilly, et de *Jeanne de Brionne*, Dame d'Heuditot, Manneville et autres lieux. ROBERT D'ANGERVILLE partagea le 2 Octobre 1438, avec Noble Demoiselle de *Meurdrac*, sœur de *Jeanne de Meurdrac*, son épouse, la succession de *Jeanne de Brionne*. Il eut de son mariage ROBERT, qui suit.

ROBERT, IIIe du nom, Seigneur de Grainville, Gonneville, Beuzeval, Treilly, etc., épousa *Thomine Dubois*, Dame de Petiville, dont il eut :

CHARLES, Seigneur de Grainville, qui prit alliance avec *Marie Louvel*, Dame de Valencé, dont est sorti :

JEAN D'ANGERVILLE, Seigneur de Grainville, etc., qui épousa en premières noces *Renée le Vavasseur*, et en secondes noces, le 13 juillet 1516, *Jacqueline de Dreux*, veuve de Messire *Olivier d'Espinay*, dit *des Hayes*, Seigneur de Bosguerout. Il eut du premier lit deux filles, ANTOINETTE ET LOUISE, et du second lit FRANÇOIS, qui suit.

FRANÇOIS D'ANGERVILLE s'est marié avec *Catherine le Doyen*, fille et héritière de *Pierre le Doyen*, Seigneur d'Authon, desquels sont sortis RENÉ, qui suit, et ROBERT.

RENÉ, Seigneur de Grainville, s'est allié avec Noble *Madeleine Boivin*, dont :

JEAN, Seigneur de Grainville, IIe du nom, marié avec *Barbe Jubert*. Il en eut :

LOUIS D'ANGERVILLE-D'AUVRECHER, Ier du nom, Seigneur de Grainville, Heuland, Branville, la Montagne, Thiesse, etc., qui s'est marié avec Noble *Anne Bellet*, fille de *Pierre Bellet*, d'où sont sortis :

1. LOUIS, qui suit ;
2. Et ROBERT, dont la postérité sera rapportée après celle de son aîné.

BRANCHE AINÉE.

Louis d'Angerville-d'Auvrecher, IIe du nom, Seigneur de Grainville, Heuland, etc., épousa *Marguerite d'Abos,* Dame de Saint-Cloud-en-Auge, dont est sorti :

Louis d'Angerville-d'Auvrecher, IIIe du nom, Seigneur de Grainville, Heuland, Douville, Angerville, etc. Il a épousé *Marie-Madeleine Huë,* fille de Messire *Pierre Huë,* Seigneur de Mutrecy, Sainte-Honorine, etc. De ce mariage sont nés :

1. Thomas-Robert, qui suit ;
2. Et Henri-René.

Thomas-Robert a épousé, le 1er Décembre 1767, *Augustine d'Auray,* fille de Messire *Beuve d'Auray,* Marquis de Saint-Poix.

SECONDE BRANCHE.

Robert d'Auvrecher-d'Angerville, Seigneur de Branville, la Montagne, Thiesse, second fils de Louis Ier et d'*Anne Bellet,* a épousé en premières noces Noble Demoiselle *Louvel,* et en secondes noces Demoiselle de *Clacy,* Dame du Mesnil-Toufray.

Du premier lit est venu Thomas, marié à *Marie de Franqueville.*

Et du second lit Louis Robert, Seigneur de Branville, la Montagne, Thiesse et Mesnil-Toufray, marié à Noble Demoiselle *Bernières de Gaurus,* dont :

Marie-Henriette.

La Roque, pag. 1990, dit aussi qu'il y a une troisième branche établie en Angleterre, dont étoient ROBERT, ROGER et JEAN d'ANGERVILLE, possédant la terre de Herfort.

Les armes : *d'or, à la fleur de néflier de sable, surmontée d'un lion passant de gueules.* (Généalogie dressée sur un mémoire envoyé.)

AUVRECHER

(Extrait du *Dictionnaire de la Noblesse,* par de La Chenaye-Desbois, tome II, col. 86.)

L a terre d'Auvrecher, que ceux du Pays nomment par corruption *Orcher,* est située dans le Bailliage de Caux, sur le bord de la rivière de Seine, à une lieue de la ville de Harfleur.

Cette Maison est connue indifféremment sous les noms d'*Avrecher* et d'*Angerville,* ce dernier ayant été pris par les puînés, qui quelquefois ont porté tous les deux ensemble.

Les Registres de la Chambre des Comptes font mention de M. GUILLAUME, Seigneur d'Auvrecher et d'Angerville, Maréchal et Sénéchal de Normandie, sous le Roi PHILIPPE-AUGUSTE, l'an 1205.

Et en effet, la Charge de Maréchal héréditaire de la Province a été d'ancienneté attachée à cette Maison: mais il y a si long-temps qu'elle est éteinte, qu'on n'en peut donner une notice.

Il y a des Lettres du Roi Philippe de Valois, expédiées à Poissy, au mois de mars 1345, par lesquelles il octroye une charretée de bois sec, chaque semaine, en sa forêt de Brotanne, aux Religieux du Prieuré de Notre-Dame-du-Bois-d'Auvrecher, fondé sur la Terre de Guillaume, Sire d'Auvrecher, près de Harfleur, dans la Paroisse de Gonfreville-d'Auvrecher, par Frère *Pierre le Marchand,* du Tiers-Ordre de Saint-François, en récompense des bons services que ce Frère *Pierre* avoit faits à Sa Majesté en ses guerres de la mer, en la Compagnie de *Nicolas Beuchet,* son Chevalier, Conseiller et Amiral.

Ce Guillaume, Sire d'Auvrecher, eut pour fils et successeur :

Robert, Chevalier, Sire d'Auvrecher, Maréchal de Normandie en 1363, qui épousa *Jeanne de Préaux* (1), dont il eut :

1. Jean, qui suit ;
2. Jeanne, Dame de Turgoville, femme de *Colard d'Estouteville,* Seigneur d'Ausbose ;
3. Et Jacqueline, femme de *Guillaume Crespin,* qui, à cause d'elle, s'intitula Maréchal de Normandie.

Jean, Sire d'Auvrecher, Maréchal de Normandie, épousa, l'an 1390, *Marie de Bréauté,* fille de *Roger,* IVe du nom, Seigneur de Bréauté, et de *Marguerite d'Estouteville,* dont il eut :

1. Jacques, qui suit;
2. Et Jeanne, morte sans enfants.

Messire Jacques, Sire d'Auvrecher et de Planes, Maréchal de Normandie, décéda, sans postérité, le 21 octobre 1428, et avec lui gît *Noble homme* Messire Jean, Seigneur d'Auvrecher et de Planes, Maréchal héréditaire de Normandie.

Les Échiquiers des années 1390 et 1397 parlent de Messire Jean d'Auvrecher, Chevalier, Maréchal de Normandie, héritier de

(1) Robert d'Auvrecher, Chevalier, est mentionné dans un contrat du 28 février 1374, avec *Jeanne de Planes,* son épouse, et Jean, Seigneur d'Auvrecher, leur fils ; ce qui fait croire ou qu'il avait eu deux femmes, ou que *Jeanne de Préaux* était Dame de Planes, ce qui est plus vraisemblable.

Jeanne de Préaux, sa mère, plaidant contre Messire Guillaume d'Auvrecher, Vicomte de Blosseville; ce qui montre qu'il y avoit encore d'autres branches de cette Maison.

En d'autres Arrêts de la même Cour, ès années 1448, 1463, et 1497, il est parlé de Madame *Jeanne d'Aunou,* veuve de Messire Jacques d'Auvrecher, Chevalier; d'*Aubry Doullé,* Écuyer, chargé du fait de *Jean d'Angerville,* de *Robert d'Angerville,* Écuyer, de la Demoiselle sa femme, de Messire Jean d'Auvrecher, Chevalier, tous héritiers de la Dame *Jeanne d'Auvrecher.*

Il y a un accord fait entre Jean, Sire d'Auvrecher et de Planes, Maréchal de Normandie, et *Marguerite d'Harcourt,* Dame de Ferrières, l'an 1402.

Raoul Morel de Brionne, puîné de la Maison d'*Harcourt,* en 1416, épousa Perrette d'Auvrecher.

Cette Terre d'Auvrecher est maintenant possédée par la branche de *Potier-de-Novion,* dont le Président au Parlement de Paris est mort en 1769.

Monseigneur Jean d'Auvrecher est compris dans le Rôle des grands Seigneurs de Normandie, sous le règne de Charles VI.

Quant à la branche d'Angerville, puînée de la Maison d'Auvrecher, Jean d'Angerville servoit l'État en 1338.

Pierre d'Angerville rendit aveu d'un Fief dans la Paroisse de Douville l'an 1391.

Robert d'Angerville, Seigneur de Grainville, rendit aussi aveu l'an 1392. Il épousa *Marguerite de Tourneville,* dont il eut: Robert, Richard, Colin et Gauthier, vivant en 1396. (Voy. ANGERVILLE.)

Il y a des partages faits entre François d'Angerville, fils de Jean, Robert et Louis d'Angerville, ses oncles, fils de Charles, et Jean d'Angerville, Vicomte de Coutances, fils de Charles.

Louis d'Angerville, Curé de Petiville en 1508, présenté par Jean d'Angerville, Seigneur de Petiville.

Jean d'Angerville, présenté à la même Cure, l'an 1535, et Jacques d'Angerville, aussi présenté l'an 1550, par Louis d'Angerville, Seigneur de Petiville.

Traité de mariage de l'an 1608, entre ROBERT D'ANGERVILLE, frère de RENÉ, Seigneur de Gonneville, et *Isabeau de Boisrenom.*

Accord, l'an 1640, entre FRANÇOIS et ANTOINE D'ANGERVILLE, leurs enfants.

Charte pour le Prieuré de Saint-Gilles de Pont-Audemer, de 1272, où signe ROBERT D'ANGERVILLE.

Dans les Mémoires de M. *Bigot de Longmesnil,* sont mentionnés GUILLAUME D'ANGERVILLE, Seigneur de Cléville, et GUILLAUME D'ANGERVILLE, Seigneur d'Auvrecher.

Gilles d'Argouges, Seigneur de Grâtot, épousa, l'an 1443, LOUISE D'ANGERVILLE.

GUILLAUME D'ANGERVILLE épousa en 1041 *Simonne d'Ainsy,* fille de *Raoul d'Ainsy.*

Jacques de Poissy, Seigneur de Gouy, fils de *Jean de Poissy,* Seigneur de Gouy, et de *Catherine,* Dame de Grainville-sur-Fleury, épousa JEANNE D'AUVRECHER.

Guillaume de Rupierre, Seigneur de Sarcelles, épousa, l'an 1440, JEANNE D'ANGERVILLE, fille de ROBERT, Seigneur de Grainville.

Il y a un Arrêt de francs-fiefs, de l'an 1563, qui contient que CATHERINE D'ANGERVILLE, fille de JEAN, Seigneur de Grainville, avoit épousé *Guillaume de Bouquetot,* Seigneur de Rabu, fils de *Jean de Bouquetot,* Seigneur du Breuil, et de *Louise l'Escot,* Dame de Rabu.

Remontant plus haut, il y a un rôle de la Chambre des Comptes, de l'an 1351, où sont nommés PIERRE D'ANGERVILLE, Chevalier, ROBERT, RAOUL et ROGER D'ANGERVILLE.

Les armes : *d'or, à deux quintefeuilles de sable, posées une au canton senestre, et l'autre en pointe de l'écu, à un lionceau de même au premier canton.*

NOTES

SUR

LA MAISON D'ANGERVILLE.

Dominus Guillelmus de Angervilla, Marescallus, tenet feodum suum per mares-
calciam suam ita quod debet esse Marescallus Ducis Normanniæ. *(XIIe Siècle.)*

(Registre des Fiefs de Philippe-Auguste.)

Guillaume d'Angerville, bienfaiteur de l'Abbaye d'Aunay. *(XIIe Siècle.)*
Robert d'Angerville, bienfaiteur de l'Abbaye de Touffern. *(XIIe Siècle.)*
Mabire, femme de Robert d'Angerville, bienfaitrice de l'Abbaye de Villers-Canivet.

(Archives du Calvados.)

Lors de la recherche de la Galissonnière, Jean d'Angerville, Écuyer, Seigneur
de Grainville, demeurait paroisse de Heulland, élection de Pont-l'Évêque, et Antoine,
son frère, en la paroisse de Gonneville, dont il était Patron.

On trouve de nombreux renseignements sur la famille d'Angerville, dans l'*Histoire de la Maison d'Harcourt*, par la Roque, notamment aux pages 782, 783, 1981 et
1982.

Le Seigneur d'Auvrecher, Maréchal héréditaire de Normandie, porte : *d'or, à deux
quintefeuilles et un lionceau de sable au* 1er *canton ; ou d'or, au lion passant, avec une
quintefeuille de sable en chef, et une autre quintefeuille aussi de sable en pointe.*

(Armoriaux de Normandie.)

Un *armorial* du British-Museum, à Londres, donne à la famille d'Angerville, à l'é-
poque de l'invasion de l'Angleterre, par Guillaume de Normandie, les armes suivantes :
d'or, au lion, et trois quintefeuilles.

Dans l'état de la noblesse du bailliage de Caen, convoquée en 1789, pour l'élection
des députés aux Etats-Généraux du royaume, on trouve, dans la *liste des Gentilshommes
possédant fiefs :*

1° M. d'Angerville d'Orcher, pour son fief de Gavrus et autres ;

2° M. Thomas d'Angerville, pour son fief de Montenay ;

3° Madame la Marquise d'Angerville, représentée par M. le Comte d'Angerville,
son fils, pour son fief de Sainte-Honorine et autres.

*(Bibliothèque du Hâvre ; Dictionnaire univ. de la Noblesse
de France, par de Courcelles.)*

Les membres de la famille d'Auvrecher d'Angerville ont porté l'un de ces noms, et quelquefois l'un et l'autre ensemble. Plusieurs fiefs de ces deux noms existaient dans le Bailliage de Rouen, de Caen et de Caux. Les principaux étaient ceux d'Auvrecher ou d'Orcher en Caux, et d'Angerville en la Vicomté d'Auge.

Dès la fin du XIᵉ siècle on remarque un Jean d'Auvrecher sur la liste des Croisés Normands.

Richard d'Angerville est cité au nombre des Seigneurs Normands renommés depuis Guillaume le Conquérant jusqu'à Philippe-Auguste.

Sur une charte de 1153, Guillaume d'Angerville figure comme témoin : *testibus ... Willerma de Angervilla.*

Robert et Pierre d'Angerville sont cités comme possédant fiefs en 1391 et 1392.

Une branche de cette Maison s'établit en Angleterre, et y florissait au temps de Charles VI.

En l'année 1386, les droits et les domaines principaux de la Maison d'Angerville, y compris le titre de Maréchal héréditaire de Normandie, passèrent dans la famille d'Harcourt, partie par le mariage d'une héritière d'Angerville avec un Sire *de Tilly* et de *Jeanne de Tilly* avec *Philippe d'Harcourt*, partie par l'acquisition que fit ce Philippe d'Harcourt de la terre d'Auvrecher.

(Voy. *Histoire de la Maison d'Harcourt*, par de la Roque ; *Histoire de Normandie*, par du Moulin ; *Précis géographique de la Normandie*, par Masseville ; *Mémoires de la Société des Antiquaires de Normandie ; Essais historiques sur la ville de Caen et son arrondissement*, par l'abbé de la Rue.

Les armes de la famille d'Auvrecher d'Angerville sont : *de gueules à une quintefeuille d'hermine.*

Les puînés portent : *d'or, au léopard de sable, mouvant du quartier d'honneur et à deux quintefeuilles de sable.* (Voy. *Histoire de la Maison d'Harcourt*, page 1982.) La Chenaye-Desbois donne les armes suivantes : *d'or, au léopard de sable, mouvant du* 1ᵉʳ *canton en chef, et accompagné en pointe de deux quintefeuilles de même.*

FIN.

TABLE.

FIN DE LA TABLE.

Paris. — Typographie S. Schlesinger, rue de Vanves, 37.

Paris. — Typographie S. Schlesinger, rue de Vanves, 37.

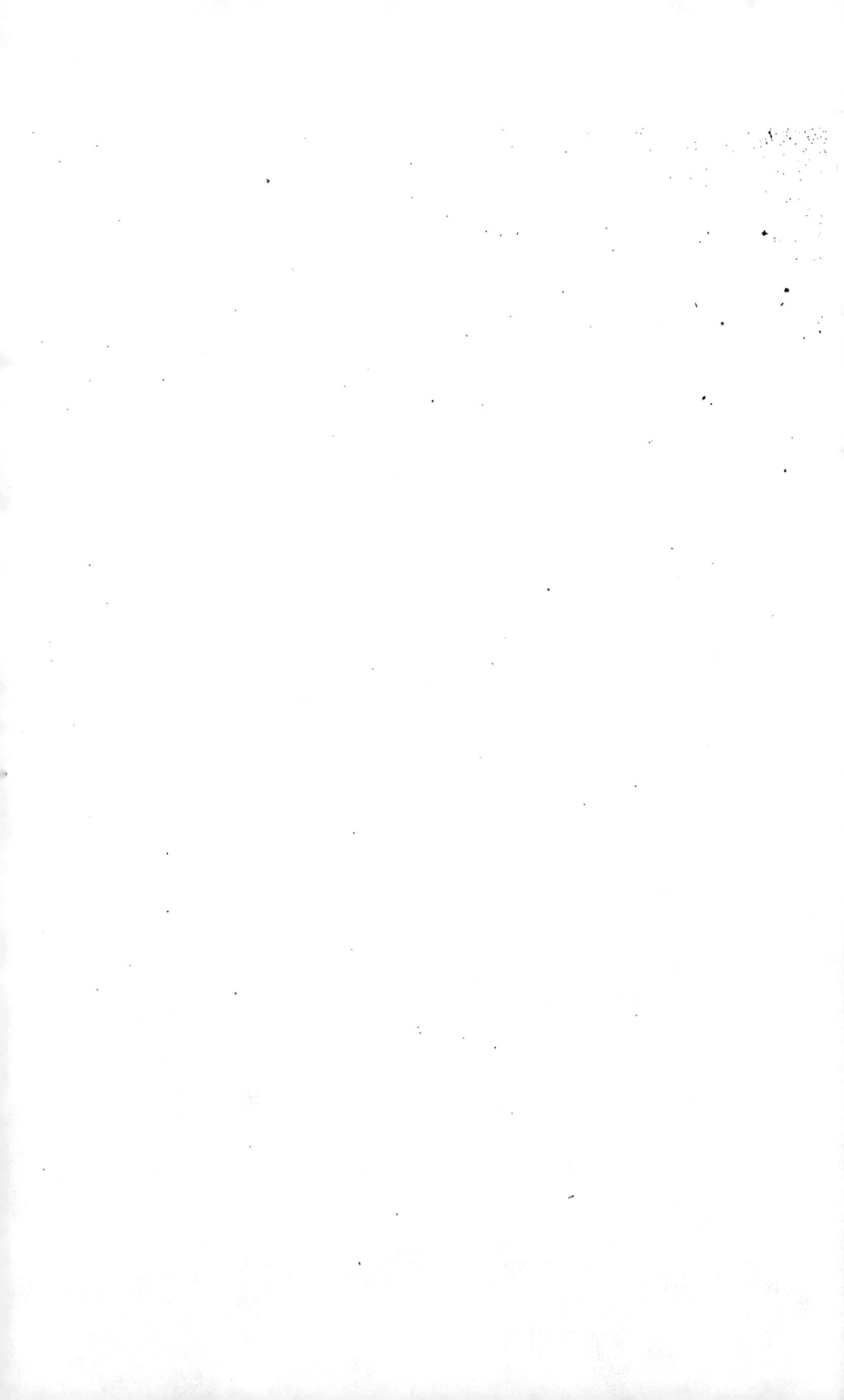

www.ingramcontent.com/pod-product-compliance
Lightning Source LLC
Chambersburg PA
CBHW071202200326
41519CB00018B/5336